冯小宁 黄 玲 主编

华园
HUAYUAN PINCANG
品藏

华南理工大学出版社
SOUTH CHINA UNIVERSITY OF TECHNOLOGY PRESS
·广州·

图书在版编目（CIP）数据

华园品藏/冯小宁，黄玲主编. —广州：华南理工大学出版社，2018.11
ISBN 978-7-5623-5813-8

Ⅰ.①华… Ⅱ.①冯… ②黄… Ⅲ.①华南理工大学–史料 Ⅳ.①G649.286.51

中国版本图书馆CIP数据核字（2018）第233544号

华园品藏

冯小宁　黄　玲　主编

出 版 人：卢家明
出版发行：华南理工大学出版社
（广州五山华南理工大学17号楼，邮编510640）
http://www.scutpress.com.cn　　E-mail：scutc13@scut.edu.cn
营销部电话：020-87113487　87111048（传真）
策划编辑：周莉华
责任编辑：蔡亚兰
印 刷 者：广州市新怡印务有限公司
开　　本：965mm×1270mm　1/16　印张：12.75　字数：128千
版　　次：2018年11月第1版　2018年11月第1次印刷
定　　价：198.00元

版权所有　盗版必究　　印装差错　负责调换

编辑委员会

顾　　问：朱　敏

主　　编：冯小宁　　黄　玲

执行主编：马燕婷

编　　委：林　林　　郑　茜　　胡春燕　　翟　鑫

　　　　　欧阳慧芳　蒋红健　　瞿楠香

目录

第一章　人文荟萃　源远流长　　/ 001

　　　　原国立中山大学文物藏品　　/ 002

　　　　华南理工大学历史发展藏品　/ 019

第二章　名师璀璨　开拓奠基　　/ 033

　　　　名师张进　/ 034

　　　　名师罗明燏　/ 041

　　　　名师冯秉铨　/ 046

　　　　名师符罗飞　/ 055

第三章　春华秋实　令闻广誉　　/ 061

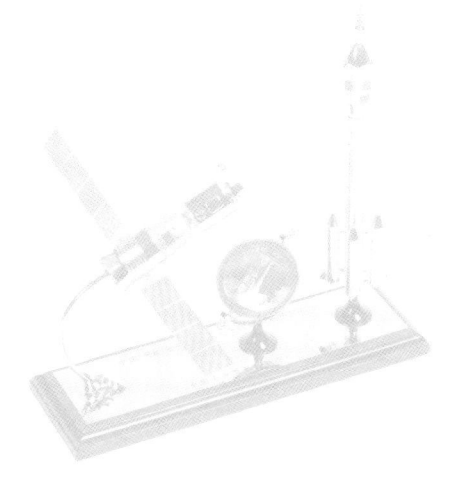

第四章　学术文化　四海交流　/ 083

第五章　难忘师恩　校友馈赠　/ 111

第六章　领导关怀　谆谆寄语　/ 155

第七章　博物览志　启迪后辈　/ 167

　　　　无线电电子博物馆　/ 168

　　　　电视机工业博物馆　/ 187

后　记　/ 196

第一章 人文荟萃 源远流长

DIYI ZHANG
RENWEN HUICUI YUANYUAN LIUCHANG

云山苍苍，珠水泱泱，华工吾校，伟人遗芳。

华南理工大学原名华南工学院，组建于1952年全国高等学校院系调整时期，是以中山大学工学院、华南联合大学理工学院、岭南大学理工学院工科系及专业、广东工业专科学校为基础，调入湖南大学、武昌中华大学、武汉交通学院、南昌大学、广西大学等5所院校部分工科系及专业组建而成，1988年改为现名。

作为组建基础之一的中山大学工学院源于1931年成立的原国立中山大学理工学院，1934年8月成立的原国立中山大学工学院，同年9月随原国立中山大学整体迁入广州石牌现华南理工大学校址办学。跨越了两个世纪，历经岁月风霜，石牌华园至今仍保存着原国立中山大学时期形成的众多历史藏品：巍峨的石牌坊、庄严的日晷仪、坚实的老校训石……共同见证着华南理工人薪火相传、改革兴学、弦歌不辍的坚定步伐，见证了华南理工大学如何从砥砺奋进的昨天走到了欣欣向荣的今天。

原国立中山大学文物藏品

孙中山先生塑像

　　孙中山先生塑像，位于华南理工大学（以下简称华南理工）五山校区1号楼前。这是国内首尊室外钢筋混凝土塑像，它高5.3米，重约8.7吨，由中国著名雕塑家尹积昌等于1958年创作完成。同年，这座塑像被安放在广州中山纪念堂，1987年获评全国首届城市雕塑优秀奖。

　　1998年，中山纪念堂拟新安置一座孙中山先生铜像，学校得知情况以后，向相关部门争取，将替换下来的混凝土塑像安放在华南理工大学五山校区，广州市政府于当年12月正式将该塑像赠予华南理工。它虽不是铜质的，但仍具有很高的历史文化价值，2003年11月，孙中山先生塑像以"伟人风采"之名入选华南理工"校园十景"，成为学校重要的历史人文景观。

　　孙中山先生"天下为公"的伟大精神将一直感召和鼓舞着华南理工人积极进取，追求卓越，向高精尖人才看齐；激励和鞭策着华南理工大学海纳百川，兼容并包，向更高水平看齐。

第一章
人文荟萃　源远流长

扫码观看"孙中山先生塑像"视频

老校训石

老校训石为花岗岩质巨石,高约7米,长约10米,厚约6米,坐落于华南理工大学五山校区北区西南部一座以国内名山"贺兰山"为名的小山丘上。

1924年11月11日,孙中山先生题《礼记·中庸》中的"博学 审问 慎思 明辨 笃行"10字,作为原国立中山大学前身国立广东大学校训。1934年11月11日,该校10周年校庆时,时任校长邹鲁手书校训,依《中庸》篇原文在每句末都加一个"之"字,镌刻时变成5句15字。

校训石栉风沐雨80余年,字迹依然清晰可见,催人奋进,发人深省。校训石见证了华园近百年的沧桑变迁,激励着华园师生严谨治学、开拓创新,校训是华园博大精深的校园文化源流之一。

2002年7月,该石被列入广州市第六批文物保护单位。

扫码观看"老校训石"视频

南门石牌坊（正面）

石牌坊

石牌坊是指学校1952年校界上的南门、西门两座石牌坊。

南门石牌坊，位于五山路与广园路交界处附近，为原国立中山大学石牌校区正门，因其坐北朝南，故又称南门，曾是进出学校的必经之处，现为华南理工重要的文化标志。该牌坊由岭南近现代著名建筑师杨锡宗设计，广州源记成建筑公司承建，1934年10月动工，次年10月竣工。南门牌坊造型雄伟，结构匀称，是典型的双层古牌楼建筑，最高处约11米，宽25.3米，均深6米多。钢筋混凝土作柱心、香港白石（一种花岗岩石）作柱面的12根方形柱分列两行，各柱的冲天柱顶呈花蕾形，各柱脚旁有石狮和抱鼓，均为香港白石打制而成。牌坊共分5门，中门宽约8米，东西侧各两个边门，分别宽约5米和4米。中门两柱上方镶嵌着铜质衔环狮头，中门外、内门额分别镌刻时任校长邹鲁所书"国立中山大学"和"格致 诚正 修齐 治平"等字。

西门石牌坊，坐东朝西，位于东莞庄路与粤垦路交界处，由华侨林仕椿、区国良两人捐资建造，始建于1934年11月，次年11月竣工。其用料同南门石牌坊，但牌楼体量约为后者的一半，有4柱3门，柱头最高处9.3米，全坊宽15.2米，中门外、内门额上分别刻邹鲁所书"国立中山大学"及"忠孝 仁爱 信义 和平"等字。

2002年7月，两座石牌坊被列入广州市第六批文物保护单位。

扫码观看"石牌坊"视频

南门石牌坊（背面）

西门石牌坊（正面）

西门石牌坊（背面）

扫码观看"12号楼藏品系列"视频

12号楼

  12号楼地处华南理工大学五山校区，位于西山东路北端的校区中轴线左侧，原系国立中山大学法学院，现为华南理工大学工商管理学院所用，建筑掩映在绿树丛林之中，给人以古朴典雅之感。

  该楼由岭南近现代著名建筑师、建筑教育家林克明（1979年任华南工学院建筑系教授及设计研究院院长）设计，1934年10月动工，次年11月竣工，总建筑面积3554.5平方米，为框架结构，高3层。绿瓦红墙，飞檐彩画，铁钟清鸣，处处展现着古式建筑的神奇魅力。正门门额"法学院"3个字，以及大楼奠基石上"海外同志、海外侨胞，捐资纪念"等字，均为原国立中山大学校长邹鲁所书。

  2002年，华南理工大学建校50周年校庆前，工商管理学院师生、校友捐资800万元，对12号楼进行了内部装修，使这座建筑散发浓厚的古典韵味的同时，平添了几分现代气息。同年7月，12号楼被列入广州市第六批文物保护单位。

铁钟

铁钟形式简朴，为12号楼1935年建楼时的配备物件。

日晷

华南理工大学五山校区12号楼楼前广场上，安放着这座庄严古朴的投影日晷仪。它不设指时针，晷盘上有一南北径向直角三角形铜件，其斜边向上朝南，短边垂直于晷盘。铜件的东、西侧晷盘分别有若干时刻线，阳光下铜件阴影达到的时刻线，则表示相应的时间。

1934年11月11日，12号楼建筑奠基时，原国立中山大学法学院师生倡议捐资建造日晷，取日晷端正的外形，寓意法律、政治、经济公正，从而勉励学生为国家和社会多做贡献。工程于1936年11月12日动工，次年10月竣工。

然而历经战火的洗劫，当年所造的日晷原物不复存在，仅在原址留下饰有彩画和花纹的台座。2001年，华南理工大学根据当年施工图，本着"修旧如旧"的原则，以青铜浇铸复制出新的日晷仪。学校重新修造日晷的目的在于以物明志，勉励师生养心守正，珍惜光阴，把握人生。

建筑构件栏河

为原国立中山大学石牌校区文学院建筑构件，其作为原国立中山大学石牌校园的历史痕迹，见证了华南理工大学的发展历程。

建筑构件瓦当

为原国立中山大学石牌校区建筑构件，原安装在华南理工大学五山校区8号楼屋顶，学校基建处在修缮老建筑的过程中因需替换下来，后送到校史馆用于展览。瓦当俗称瓦头，是屋檐最前端的一片瓦，也叫滴水檐，上面还有"中山大学""中大"字样。

沙井盖

为原国立中山大学石牌校区基建旧物，原位于华南理工大学东湖西侧。它亲历了原国立中山大学石牌校园的历史变迁。

扫码观看"原国立中山大学建筑构件"视频

20世纪30年代原国立中山大学部分建筑基建图纸（复制件）

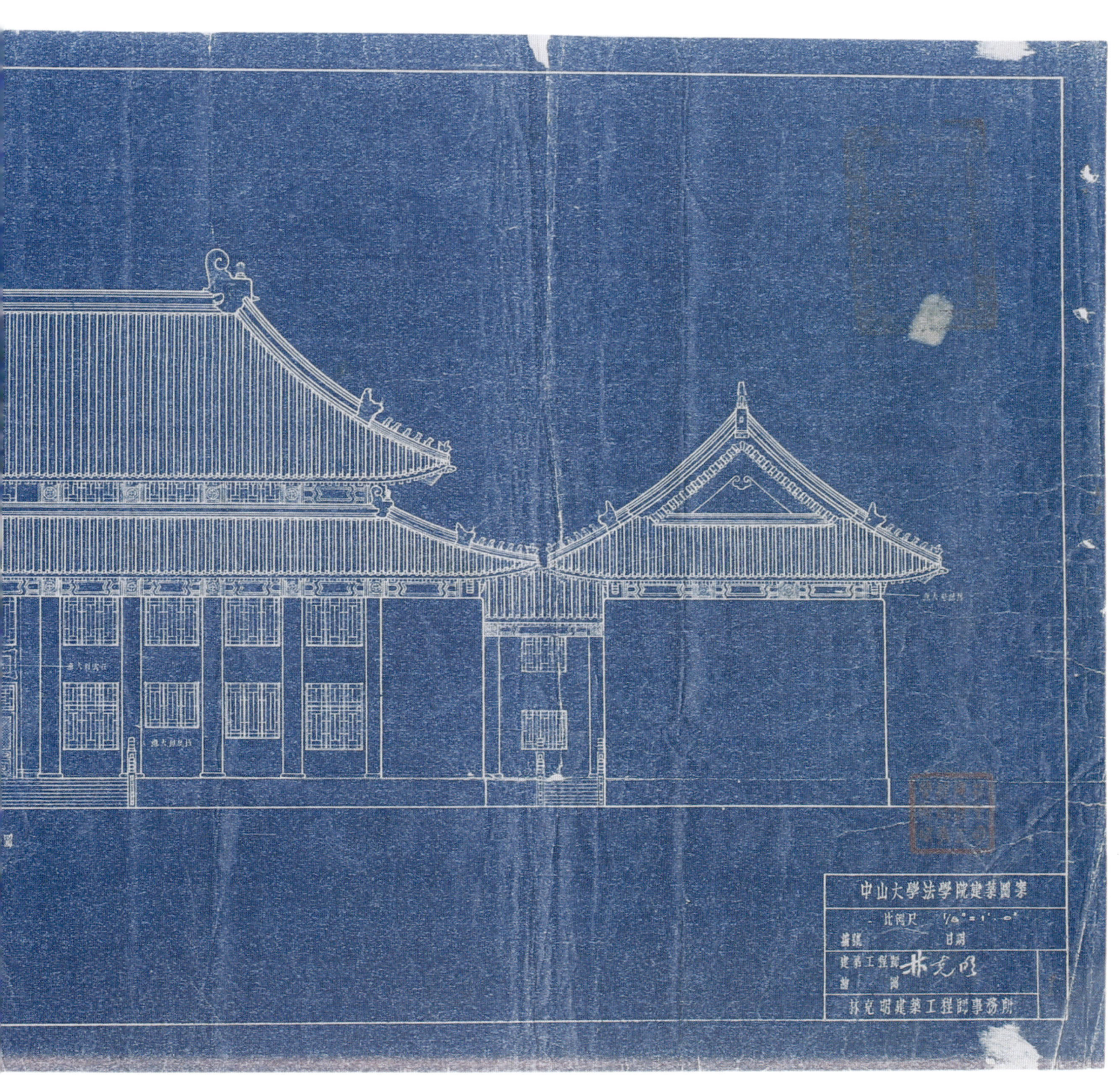

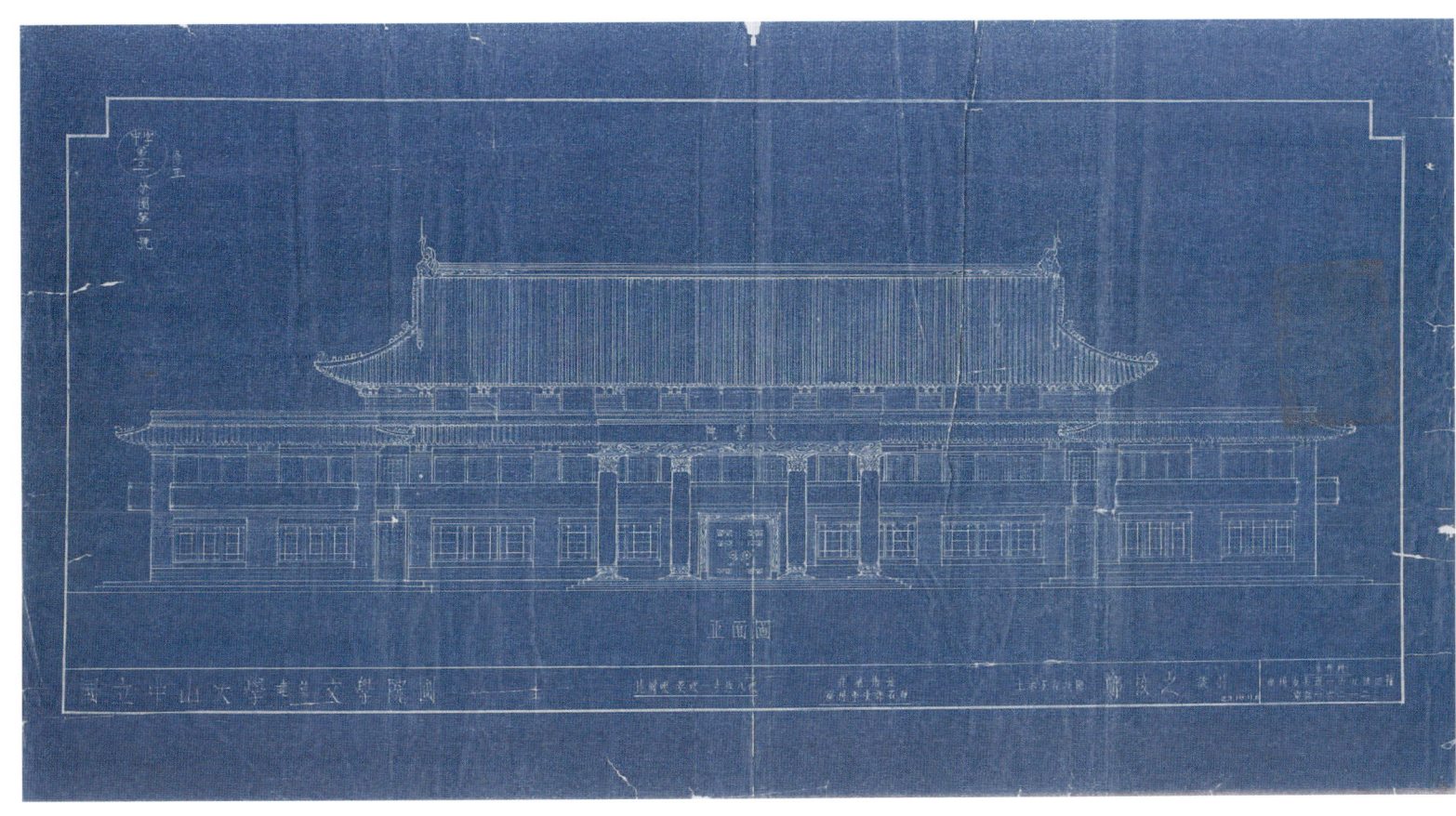

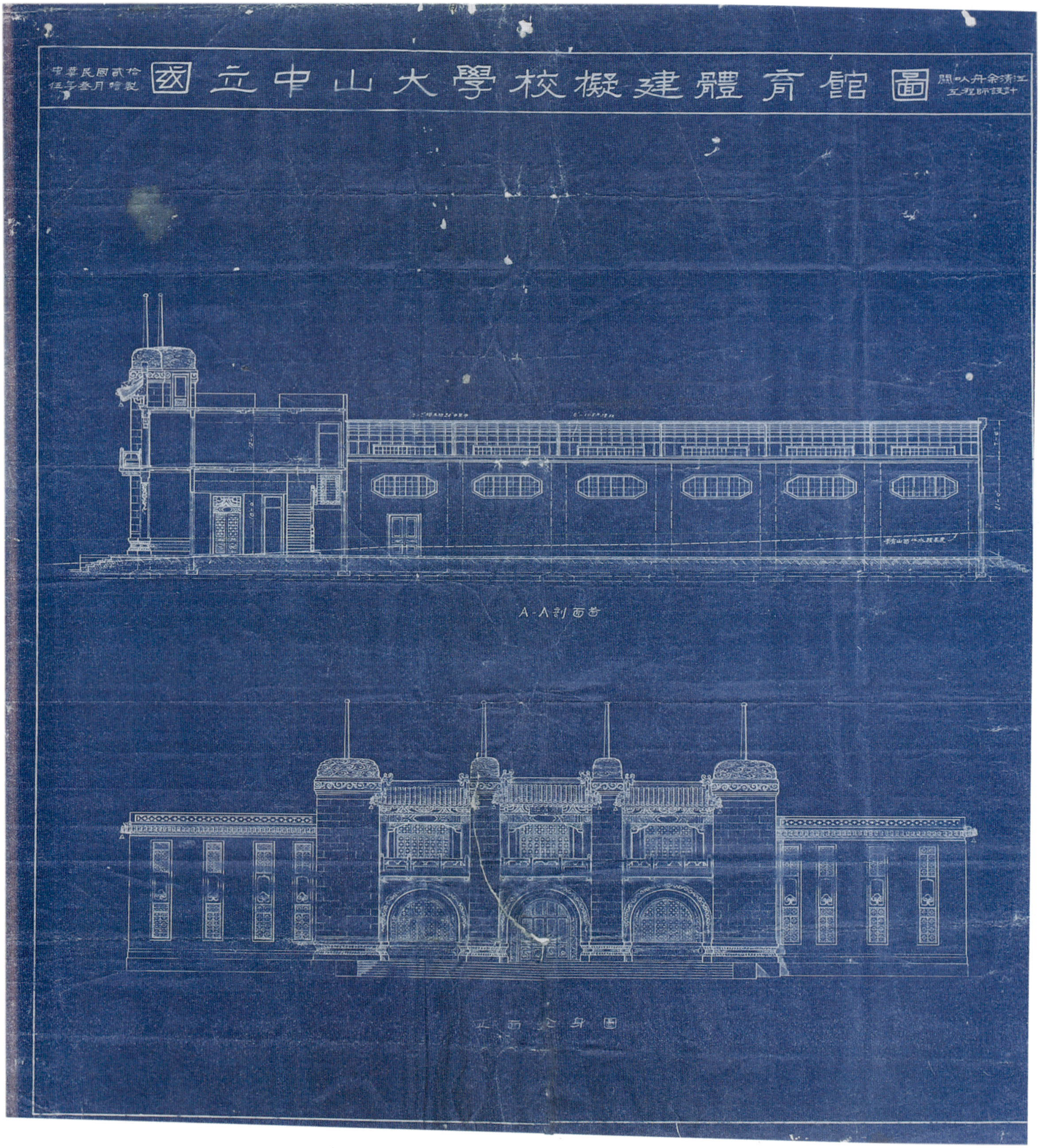
中華民國貳拾伍年叁月繪製
國立中山大學校擬建體育館圖
關以舟余清江工程師設計
A-A剖面圖
正面全身圖

华南理工大学历史发展藏品

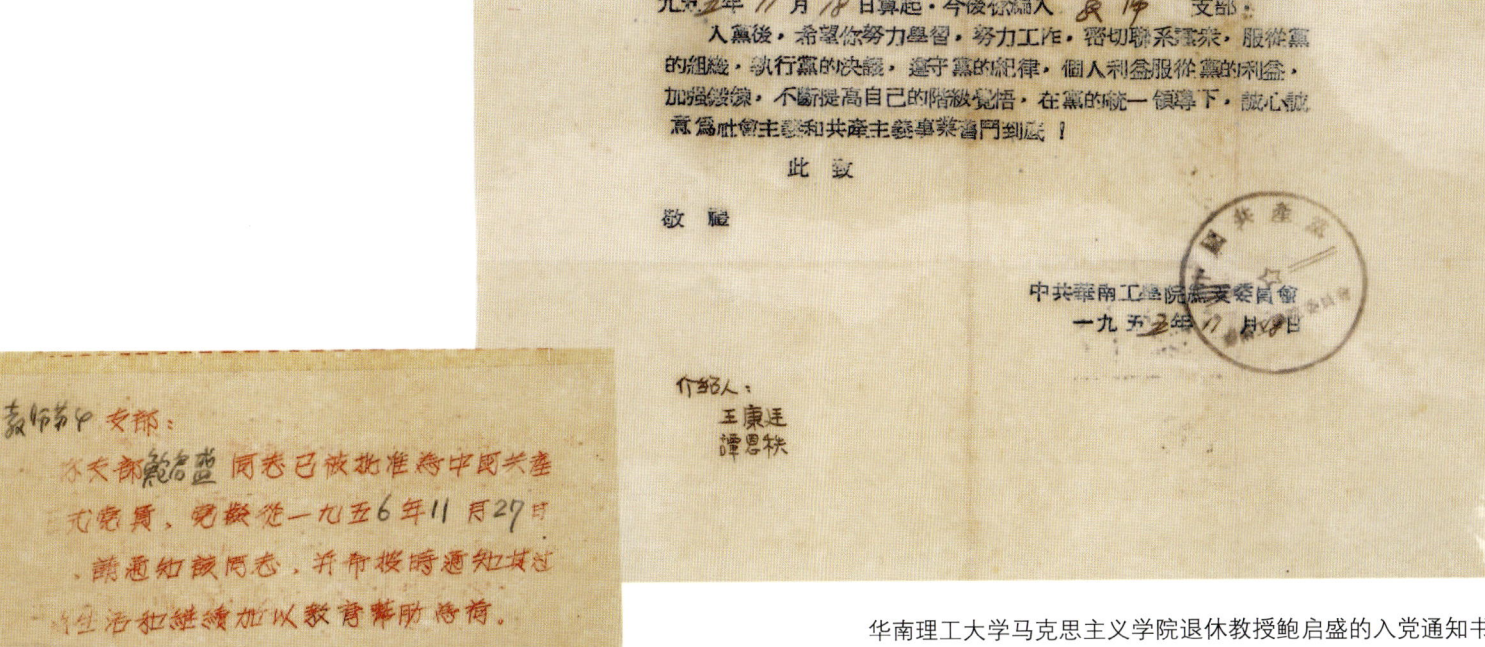

华南理工大学马克思主义学院退休教授鲍启盛的入党通知书

华南理工大学1963届机械系本科生林大龙在校期间的学生证

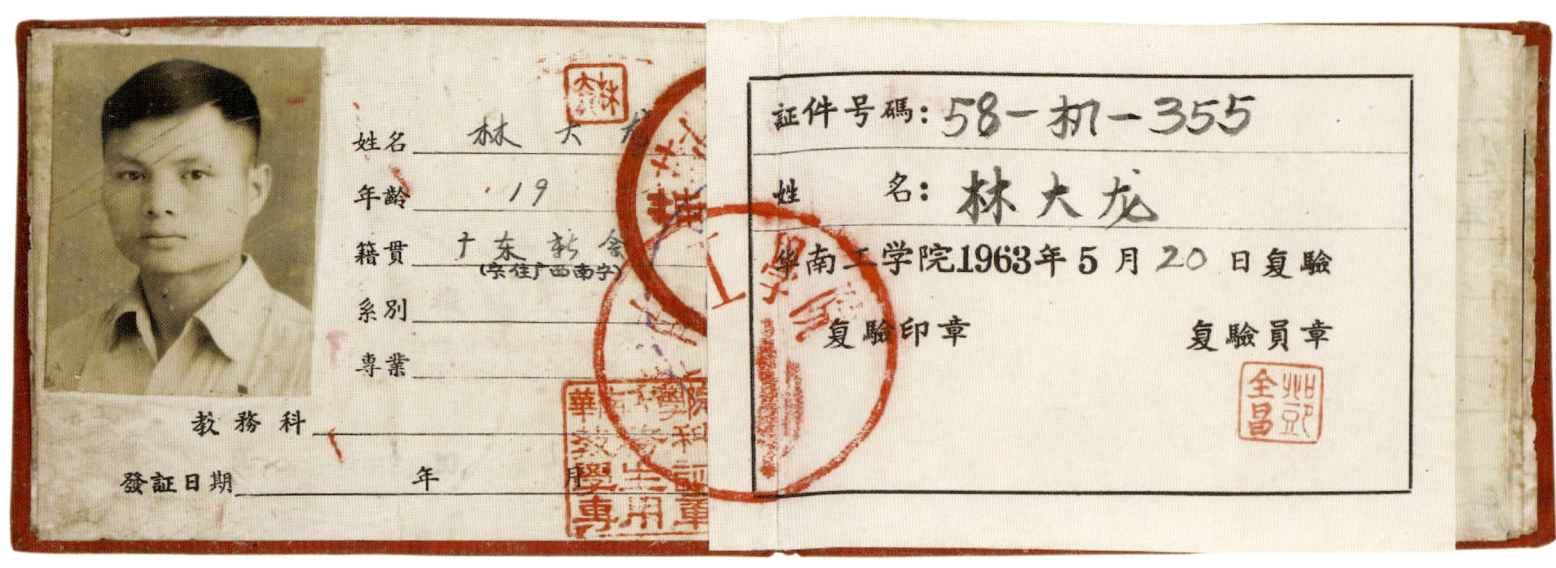

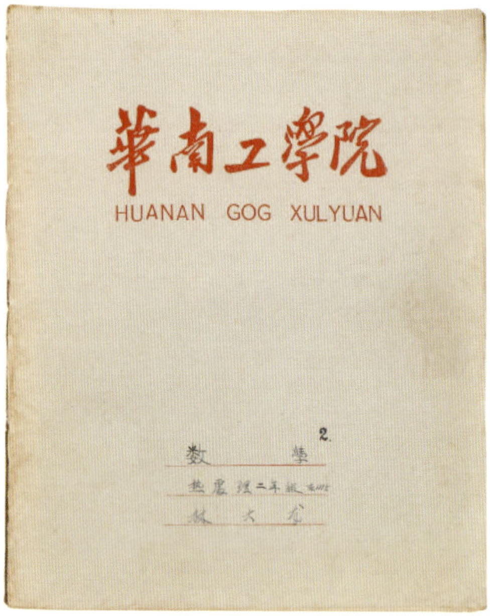

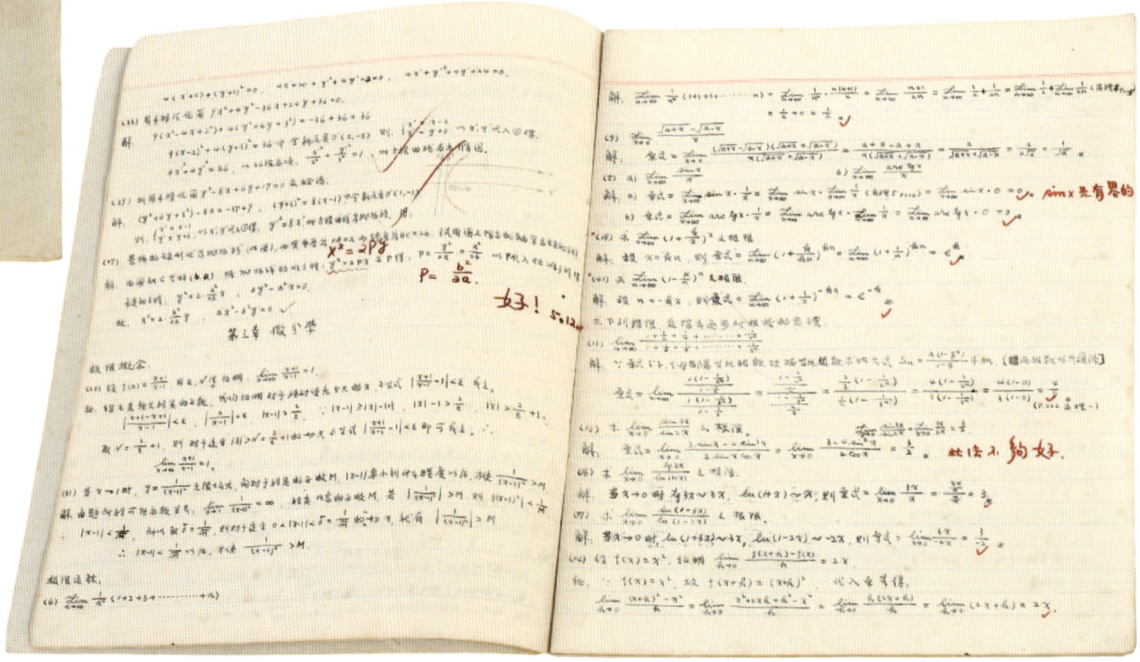

林大龙校友学习材料

华南工学院铜质白搪瓷校章
（该版本在1970年8月前供学生使用）

华南工学院铝质红色校章
（该版本自1979年起供教职工使用）

华南理工大学铝质白色校章
（该版本自1988年起供普通本科生使用）

华南理工大学铝质浅黄色校章
（该版本自1988年起供研究生使用）

华南工院

第一期 · 本期四版

「华南工院」编辑出版委员会编　　地址：广州石牌

一九五二年十一月廿一日出版

学习苏联先进科学技术，吸取苏联先进经验，改进教学的制度、内容和方法，为提高教学的质量而斗争！

团结互助，发挥当家作主精神，迎接新的教学任务，克服困难，为办好华南工学院而努力！

本院于十七日举行首届开学典礼
十八日起各系已正式上课

教师同学们保证以最大决心，在党和行政的领导下，迎接新的教学任务。

本月（十一月）十七日上午九时，本院全体教职员学生六百二十二位教工及学生，在体育馆隆重举行了首届开学典礼。大会由罗明燏先生主持，委员会主任委员冯乘先生在致开幕词之后，由文教厅代表宣读正式成立华南工学院的命令。他接着说：「今天，我们要热烈地庆祝我们华南工学院的成立，华南工学院是遵照中央人民政府进行院系调整的方针，由原中山大学工学院、华南联合大学工学院、岭南大学工程系和广西大学的一部分合并组成的新型工学院。」

在院系调整胜利的基础上，进一步搞好教和学！

——社论——

教工筹委会积极工作
为团结教工搞好教学创造条件

【本报讯】本院教职员工已在十一月九日正式成立了教工筹备委员会，积极开展各项工作，为团结教工搞好教学而努力。

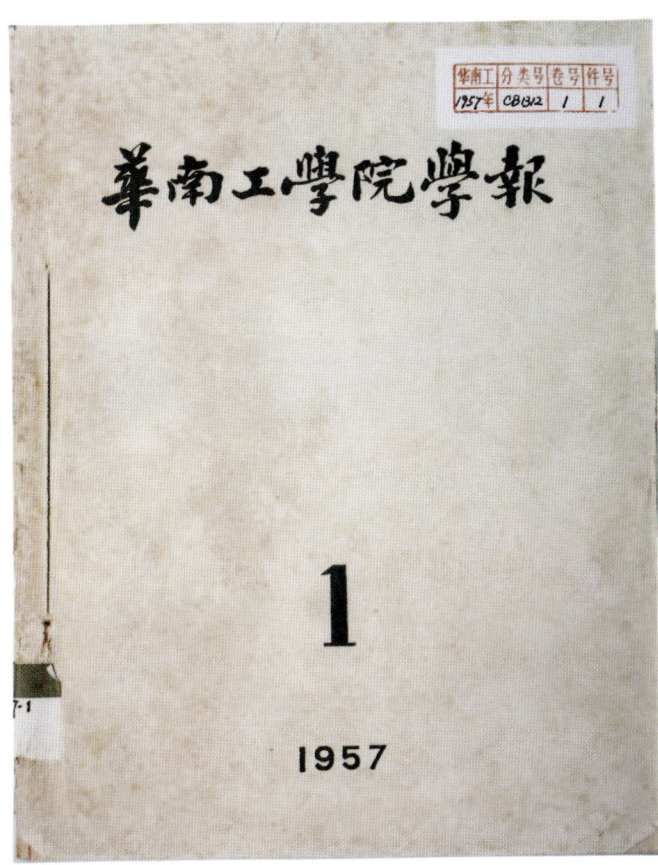

《华南工学院学报》1957年创刊号

《华南理工大学学报》（社会科学版）1999年创刊号

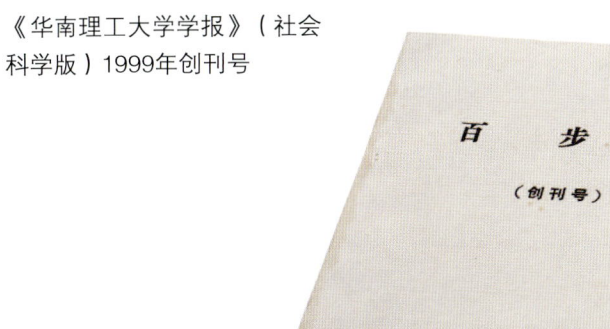

校园刊物《百步梯》1985年创刊号

校园刊物《研究生》1985年创刊号

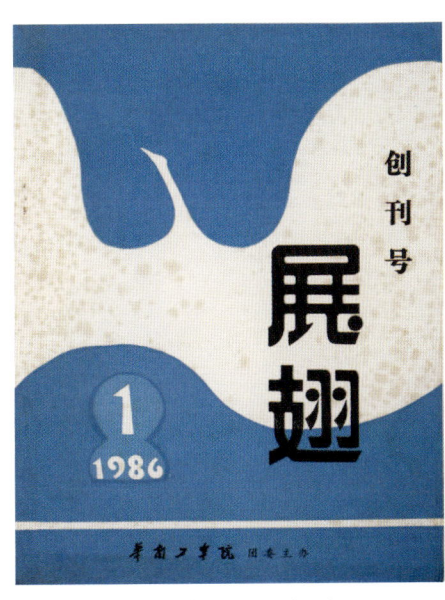

校园刊物《展翅》1986年创刊号

华南工学院早年学生毕业合影照片

华南工学院电机系首届毕业留念1953年3月

华南工学院机械系机器制造工艺专业一九五八年毕业同学留影 1958.8.15. 中华 摄

一九五八年度华南化工学院造纸系毕业同学合影

华南工学院建校35周年
（1952—1987年）纪念章

华南理工大学研究生院成立纪念摆饰

二十世纪五十至七十年代编著的部分书刊

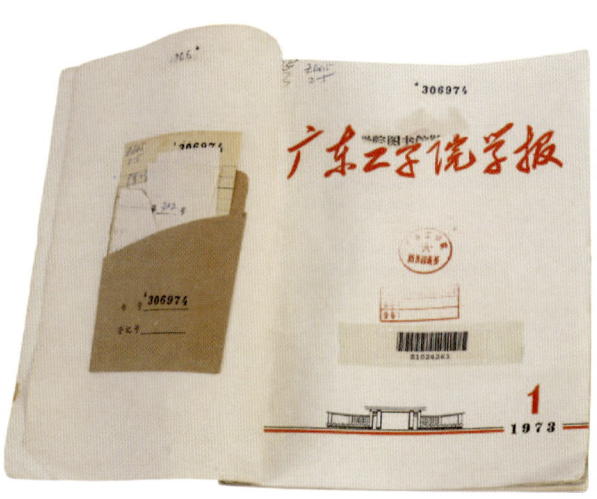

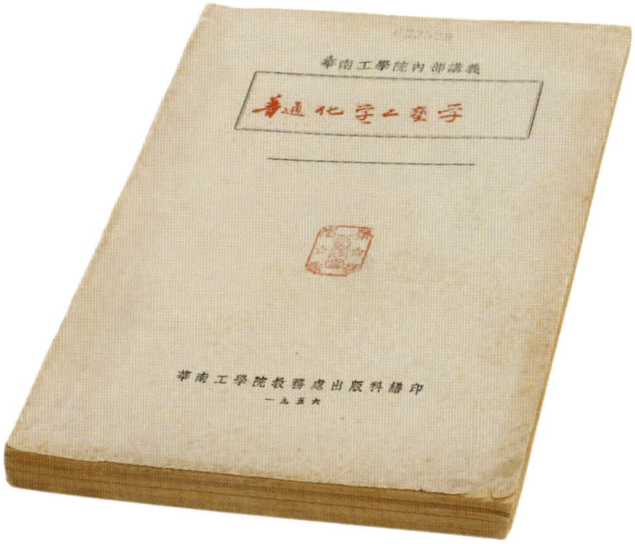
華南工學院内部講義
普通化学工艺学
華南工學院教務處出版科繕印
一九五六

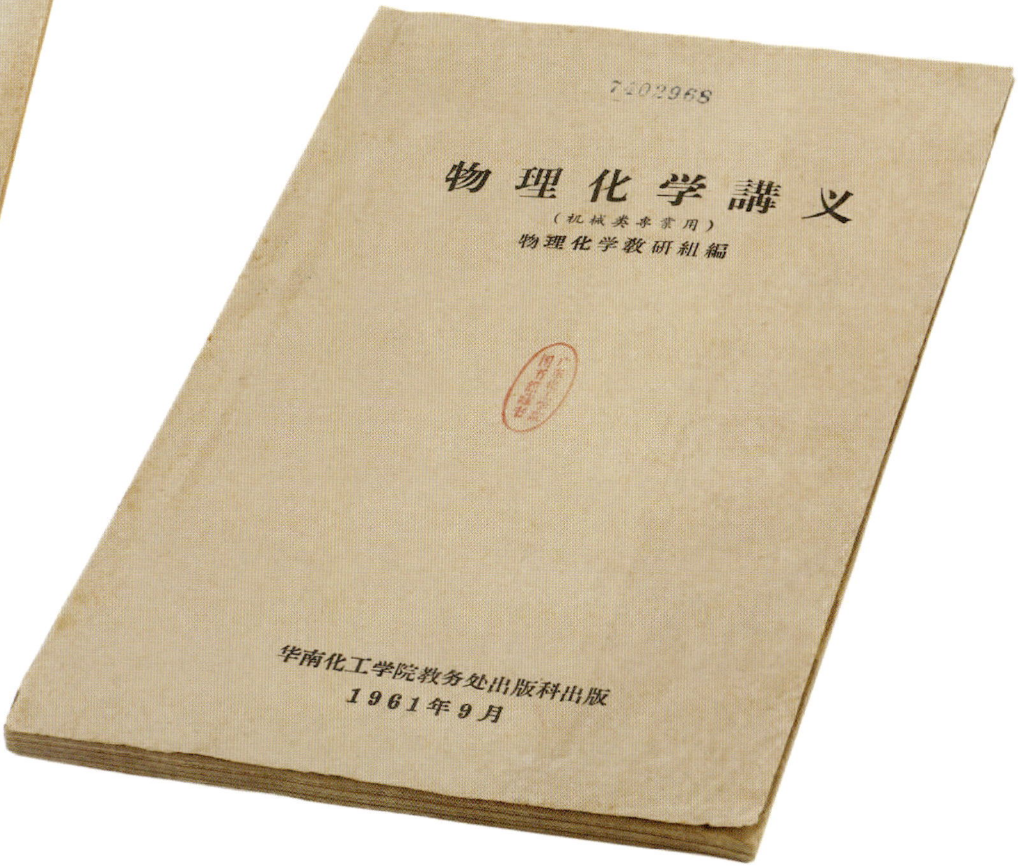
7402968
物理化学講义
（机械类专业用）
物理化学教研組編
华南化工学院教务处出版科出版
1961年9月

华南土木
HUANAN TUMU
向文教战綫群英会献礼專号
1
1960.3.

奔驰在红专道路上的
華南化工学院
1958.8

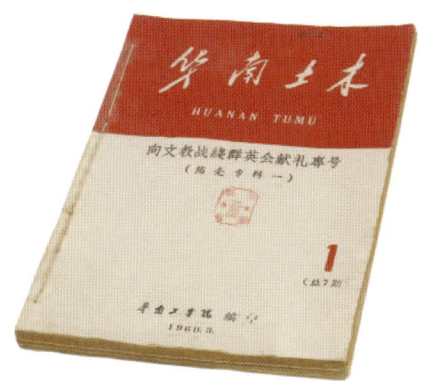

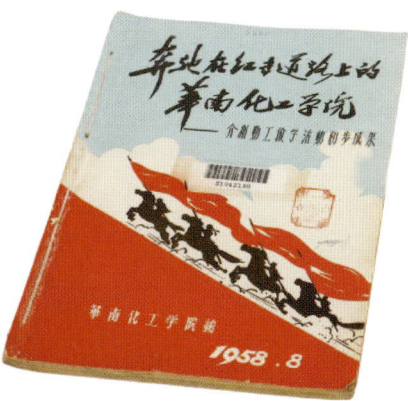

新校训石

　　华南理工大学新校训石位于五山校区励吾科技楼广场前。该石为学校1988级研究生校友于2007年1月集体捐赠，宽5.1米，高2.6米，重54吨，镌刻有全国政协原副主席叶选平在2005年7月为华南理工题写的校训"博学慎思　明辨笃行"。2007年4月25日，学校举行了新校训石揭幕式，1988级研究生校友代表也一起为新校训石进行了揭幕。

　　"博学慎思　明辨笃行"源自《礼记·中庸》中的"博学之，审问之，慎思之，明辨之，笃行之"一语。华南理工在此基础上凝练出校训"博学慎思　明辨笃行"，意在勉励学子广博地学习，审慎地思考，明白地辨别，切实地履行。

　　新校训石与华南理工五山校区北区贺兰山上的原国立中山大学校训石南北相望，遥相呼应，成为学校又一处人文景观。

扫码观看"新校训石"视频

华南理工大学精神表述语牌匾

2012年3月起,学校开展了华南理工大学精神大讨论及表述语提炼活动,经广大师生、校友集思广益、建言献策,专家学者深入研讨、严谨论证,最终确定华南理工大学精神表述语为"厚德尚学 自强不息 务实创新 追求卓越"。

同年11月5日晚,时任学校党委书记杜小明、校长王迎军为华南理工大学精神表述语牌匾揭幕。这块牌匾由学校机械与汽车工程学院黄乃典所书。

第二章 名师璀璨 开拓奠基

DIER ZHANG
MINGSHI CUICAN KAITUO DIANJI

1952年11月17日，新组建完成的华南工学院举行首届开学典礼。华南工学院的组建，可谓是举中南地区（当时指中华南部地区）工科之精粹、集南中国工程专家之大成。建校之初，华南工学院即拥有一批资历深、知名度高的专家学者。他们当中不少人毕业于美国哈佛大学、麻省理工学院、哥伦比亚大学等世界知名高校，掌握了先进的工艺技术。他们放弃国外的优厚待遇，毅然回国投身教育事业，以建设百废待兴的中华人民共和国。罗明燏、冯秉铨、符罗飞等为典型代表。

1952—1966年，是华南工学院组建与初期发展的辉煌时期，是华南工学院发展史上浓墨重彩的一章。在这个名师璀璨的南方高校里，师生协力先后研制出中国第一台俄汉自动翻译电子计算机、华南第一台模拟电子计算机、华南第一台程序控制铣床等一大批科技成果，同时，华南工学院还为国家培养了大批工业人才。华南工学院的诞生与发展，为国家的工业复苏与发展做出了卓越贡献，为华南地区乃至于中国的高等工程教育事业发展奠定了坚实基础。

名师张进

著名教育家张进是华南工学院的主要创建者之一。他早年投身革命,参加过抗日战争和解放战争。1953年4月,调入华南工学院任筹备委员会副主任,后任党委第一书记兼副院长、院长、顾问等职,直至1985年12月逝世。张进任职初期曾为学校6号楼题字"建筑红楼",寓意建筑美好的华南工学院。他以其后半生的全部精力,倾注于我国的高等教育事业,为学校发展做出了卓越贡献,被人称为"科研书记"。

同时,张进还是一位才华横溢的诗人、书法家,华南理工大学档案馆、校史馆珍藏着他的诗集《晚晴楼吟草》和部分书法作品。1972年初,他在华南工学院养病时曾赋诗:"且效先贤意气宏,不为享受不为名。惟将肝胆存天地,冷雨寒风自苦征。"1984年,他挥毫写就《校庆书怀》:"三十二年伴墨池,育才可乐老方知。春风万里云霞出,正是群芳吐艳时。"他忠于党和人民教育事业的崇高精神在其作品中可见一斑。

扫码观看"名师张进"视频

张进使用过的毛笔、砚台

张进为学校6号楼题字"建筑红楼"

张进诗集《晚晴楼吟草》（书中收集了他在各个时期所作的诗歌70余首）

张进书法作品：苏轼《念奴娇·赤壁怀古》

第二章
名师璀璨　开拓奠基

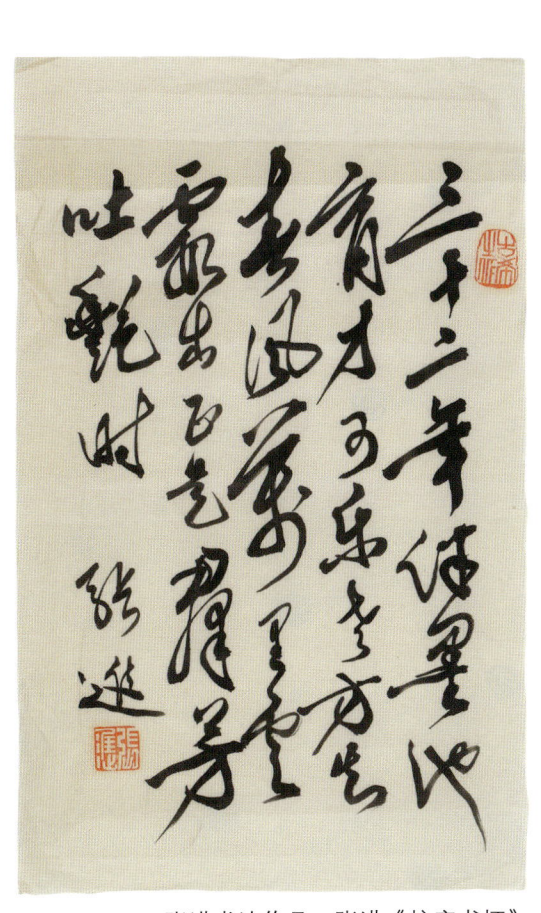

张进书法作品：张进《校庆书怀》

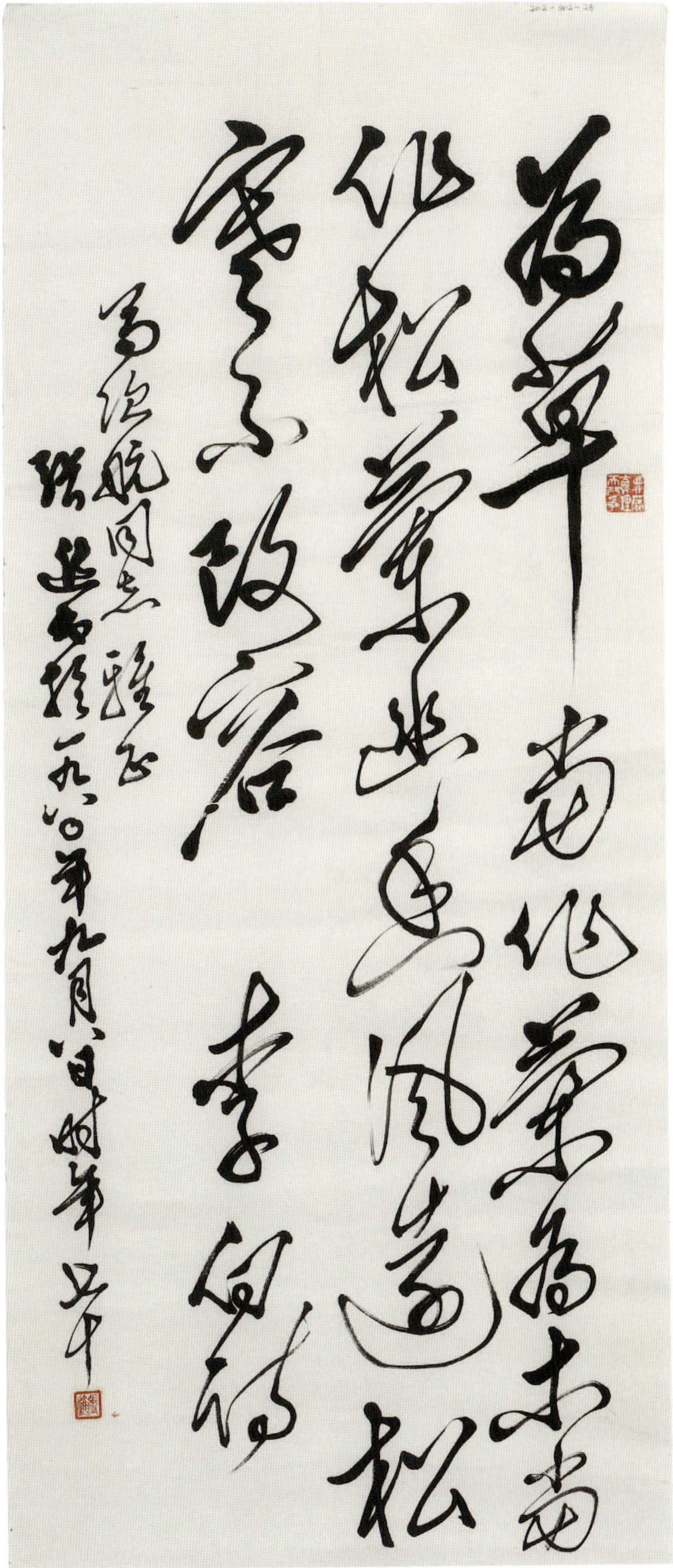

张进书法作品：李白《于五松山赠南陵常赞府》（节选）

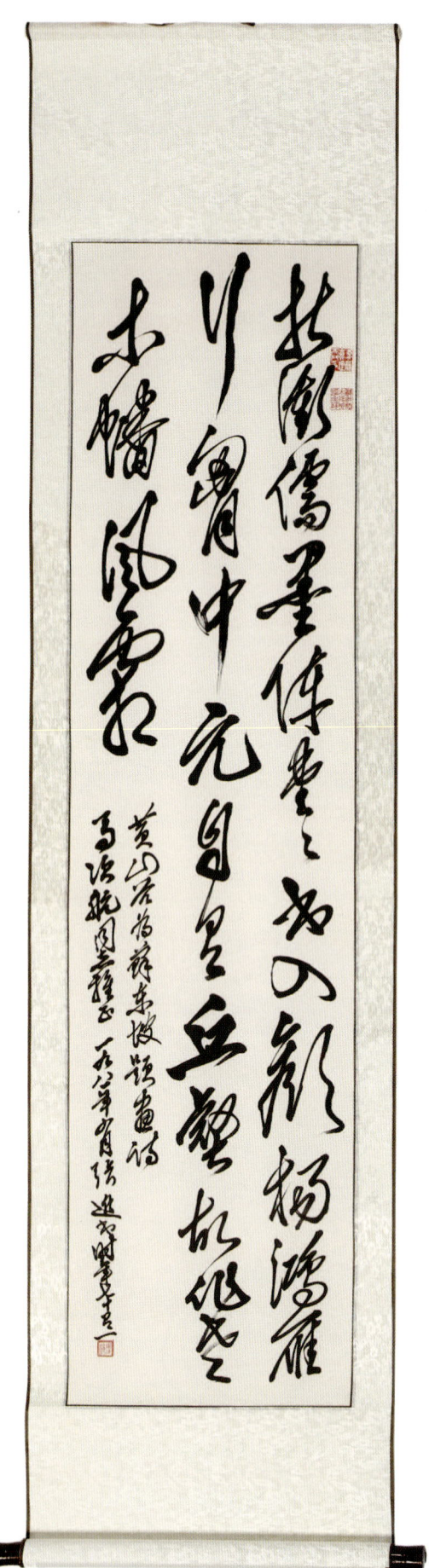

张进书法作品：黄庭坚《题子瞻枯木》

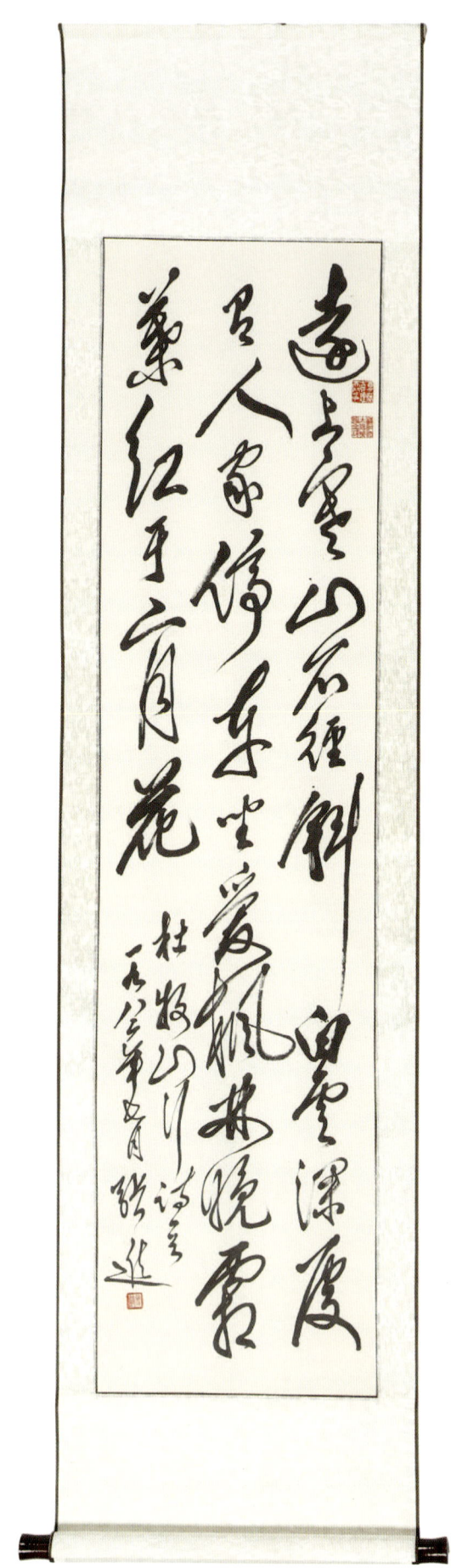

张进书法作品：杜牧《山行》

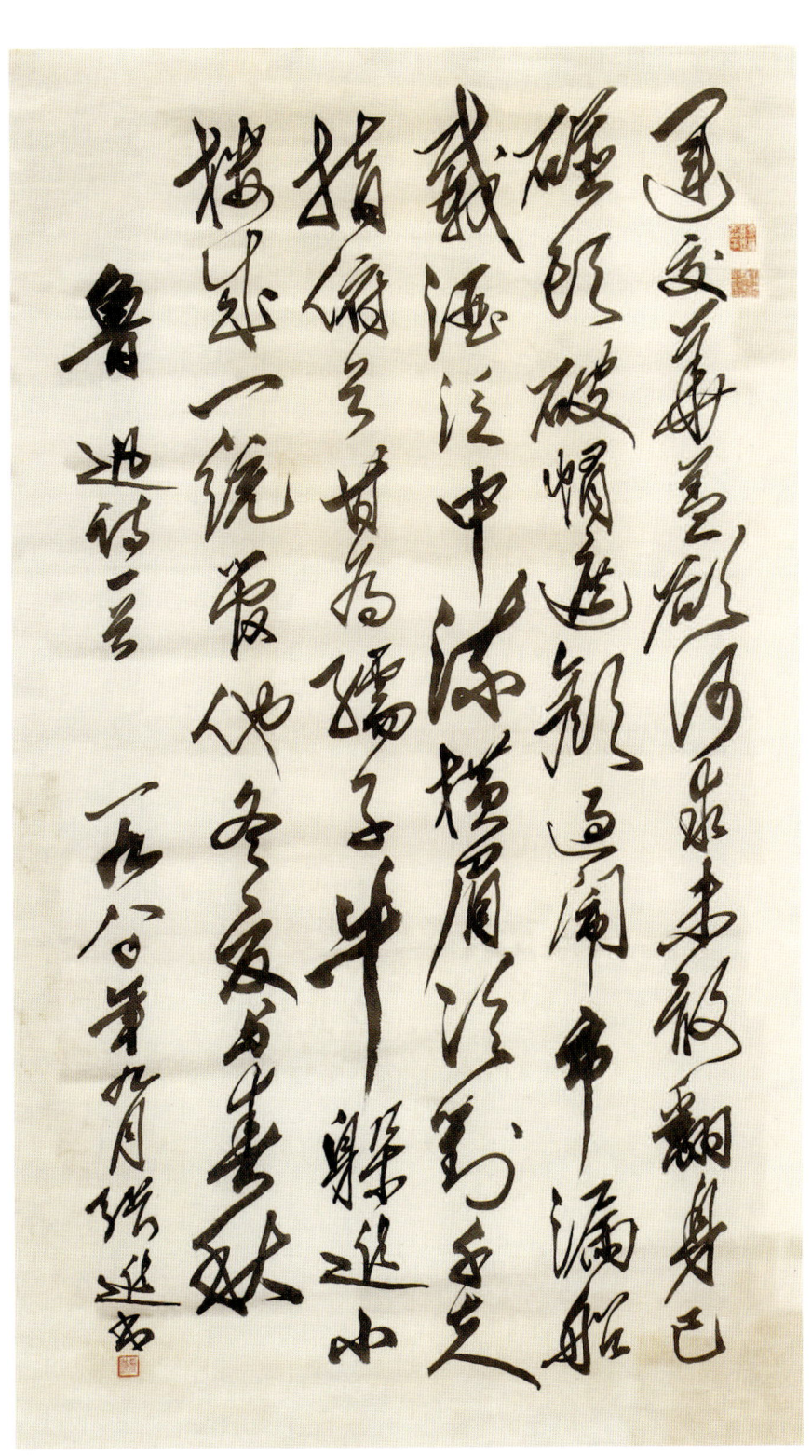

张进书法作品：鲁迅《自嘲》

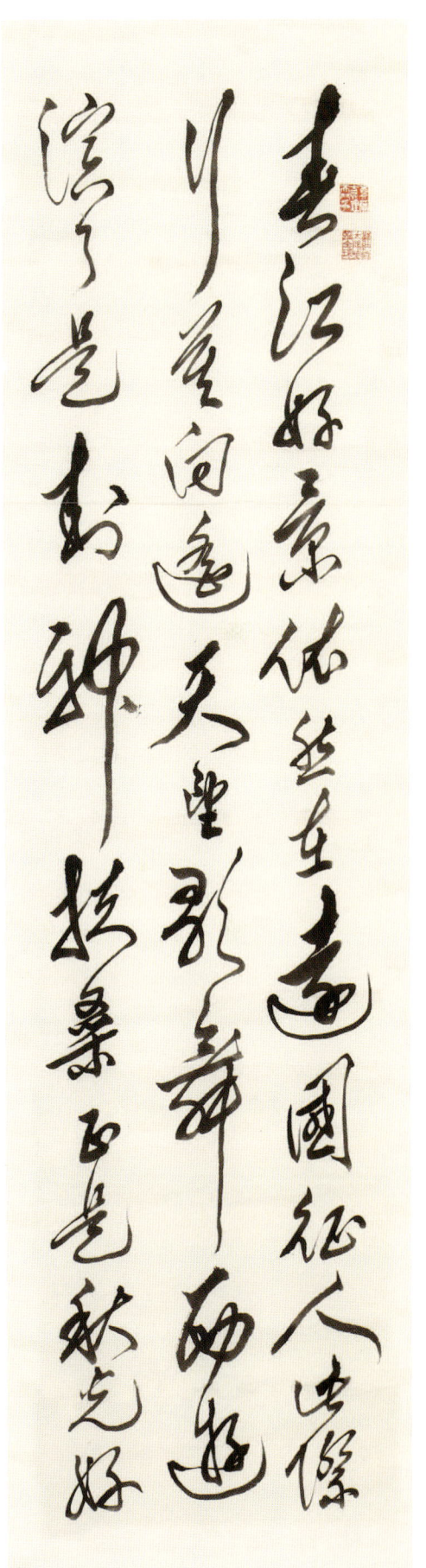

张进书法作品：鲁迅《赠日本歌人》《送增田涉君归国》（节选）

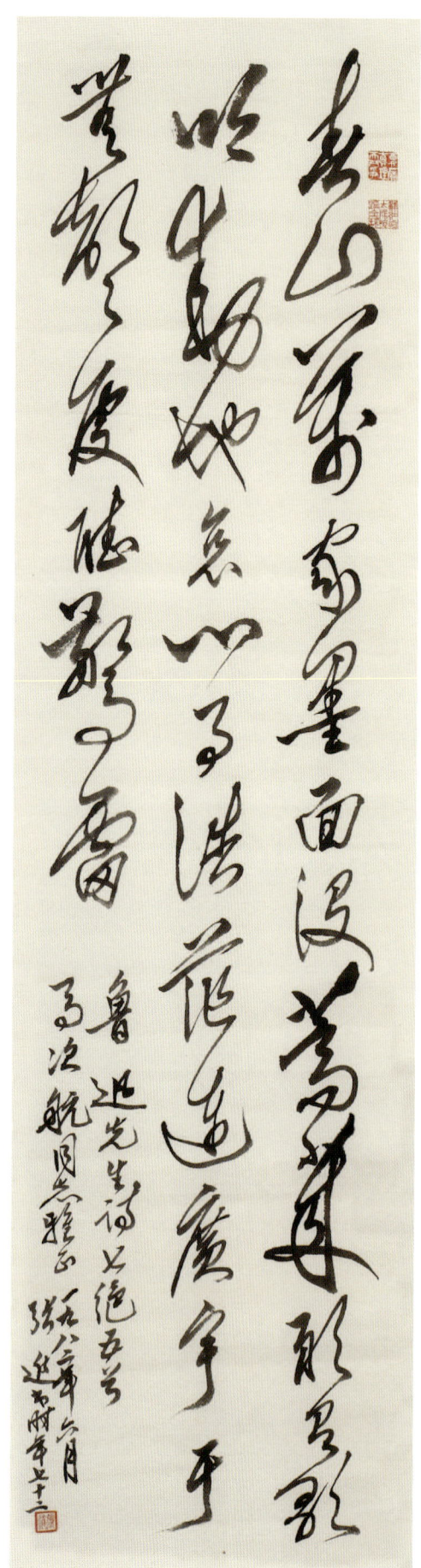

张进书法作品：鲁迅《无题》

名师罗明燏

罗明燏一生经历传奇。1932年至1934年，他在美国麻省理工学院同时修读航空工程、土木工程两个硕士学位，毕业后转到英国攻读博士学位，后因其父病重而中途辍学回国。1947年，他谢绝美国航空顾问委员会的高薪挽留，毅然回国报效祖国。他还是钱学森回国的重要联系人。

1952年，罗明燏参与华南工学院筹建；1955年4月，他由周恩来总理任命为华南工学院第一任院长，直到1968年4月，历时13载。作为一名杰出的教育家，他在担任院长期间，立足高起点办学，为学校日后的发展打下了坚实基础。同时他也是一名出色的工程力学专家，在土木、航空、造船、机械等工程领域都具有极高的学术造诣，被人们誉为"海陆空专家"。他主持修复了广州的海珠桥、南方大厦，广州的梅花村、珠岛宾馆等知名建筑也出自他之手。他免费为国家设计工程200多项，为国家节约了巨额建设资金，被称为"应在中国土木工程史上浓墨重彩书写的人"。

2012年11月，华南理工大学甲子校庆期间，学校在五山校区9号楼前塑立罗明燏铜像，以纪念这位我国著名的工程力学专家、华南工学院首任院长。

扫码观看"名师罗明燏"视频

罗明燏铜像

罗明燏

1942年8月,罗明燏获聘为教授的证书(复制件)

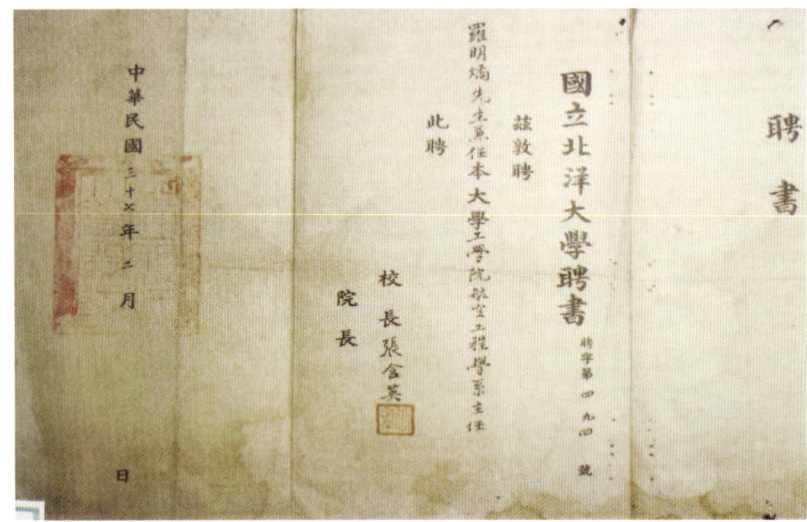

1948年2月,国立北洋大学聘罗明燏兼任工学院航空工程学系主任的聘书(复制件)

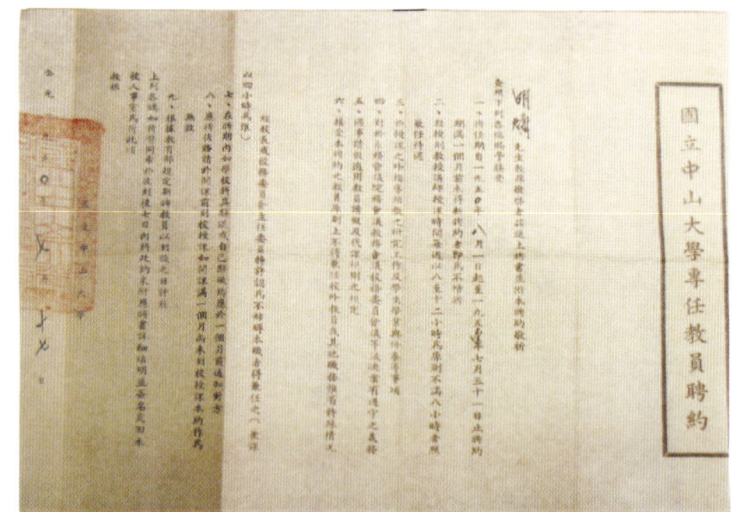

1950年7月,罗明燏接获原国立中山大学专任教员聘约(复制件)

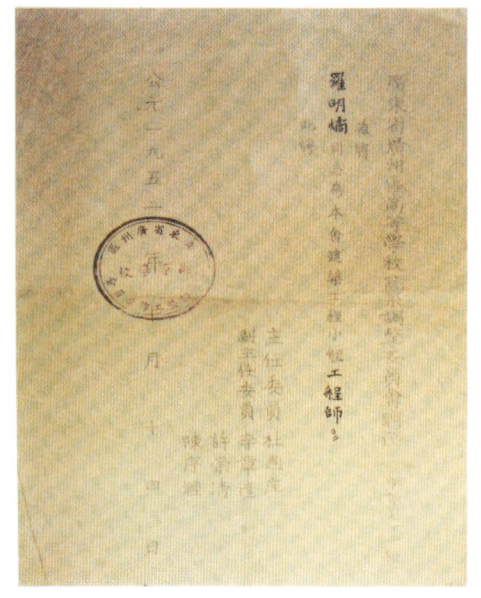

1952年10月,罗明燏获聘广东省广州区高等学校院系调整委员会建筑工程小组工程师的聘函(复制件)

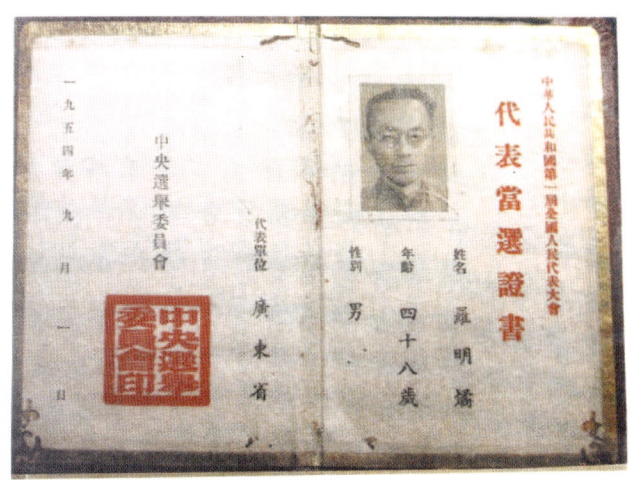

1954年9月，罗明燏当选第一届全国人民代表大会代表的当选证书（复制件）

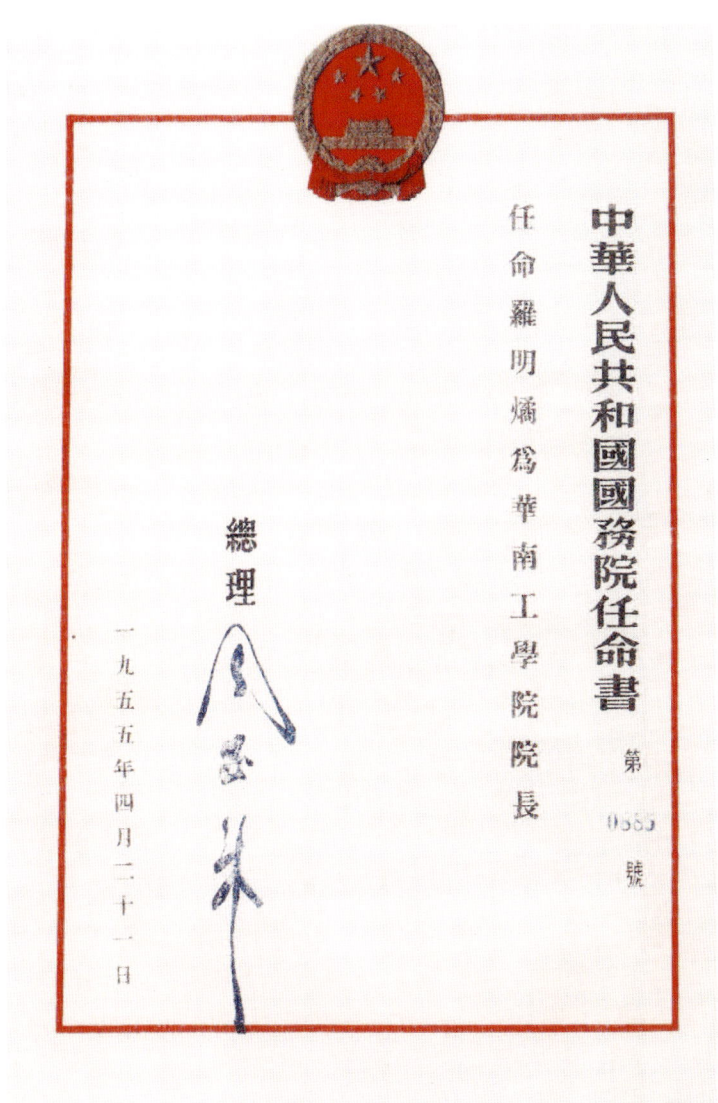

1955年4月，由周恩来总理签发的任命罗明燏为华南工学院院长的国务院任命书（复制件）

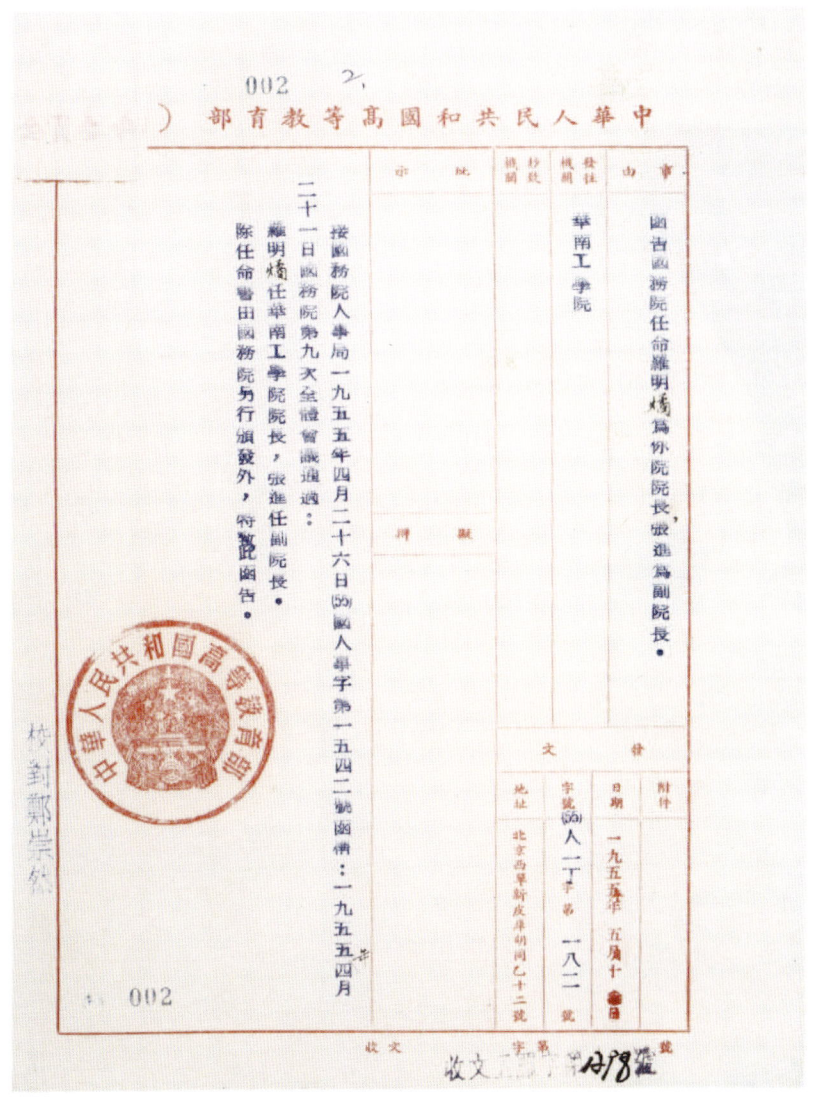

1955年5月，中华人民共和国高等教育部函告国务院任命罗明燏为华南工学院院长、张进为副院长的公文（复制件）

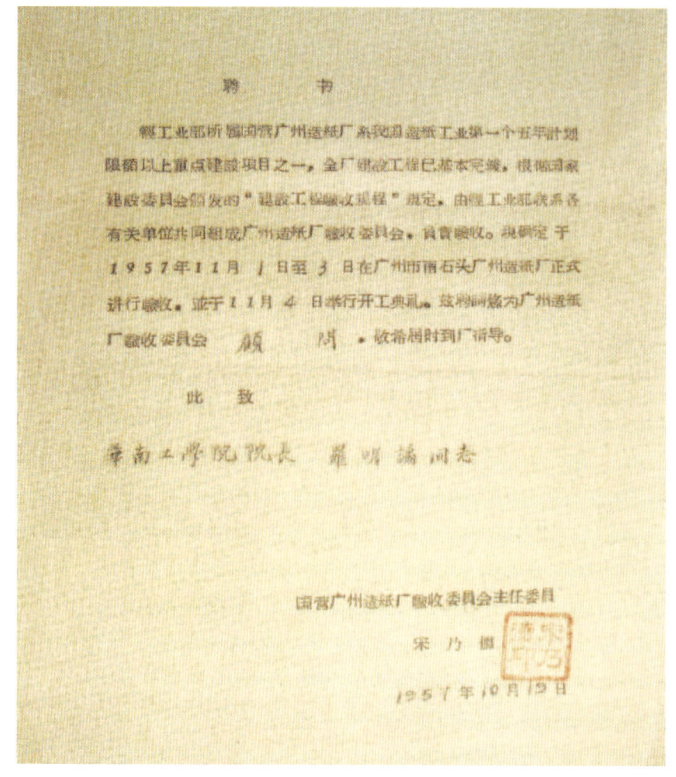

1957年10月，罗明燏获聘广州造纸厂验收委员会顾问的聘书（复制件）

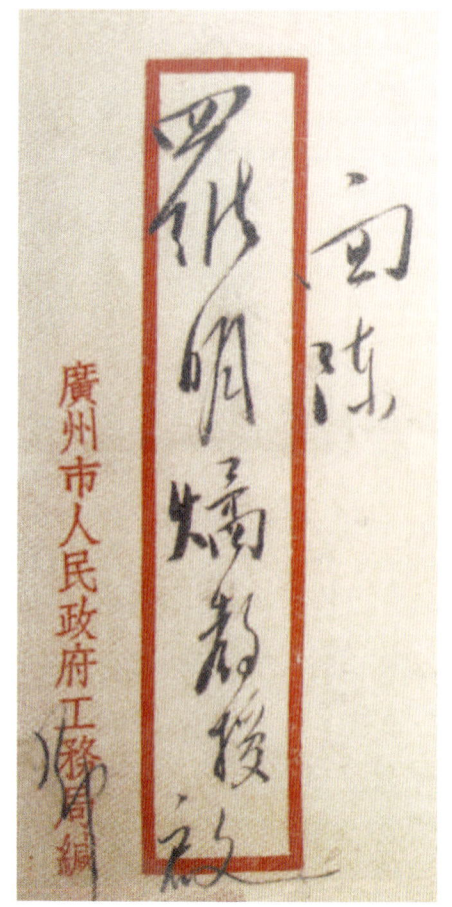
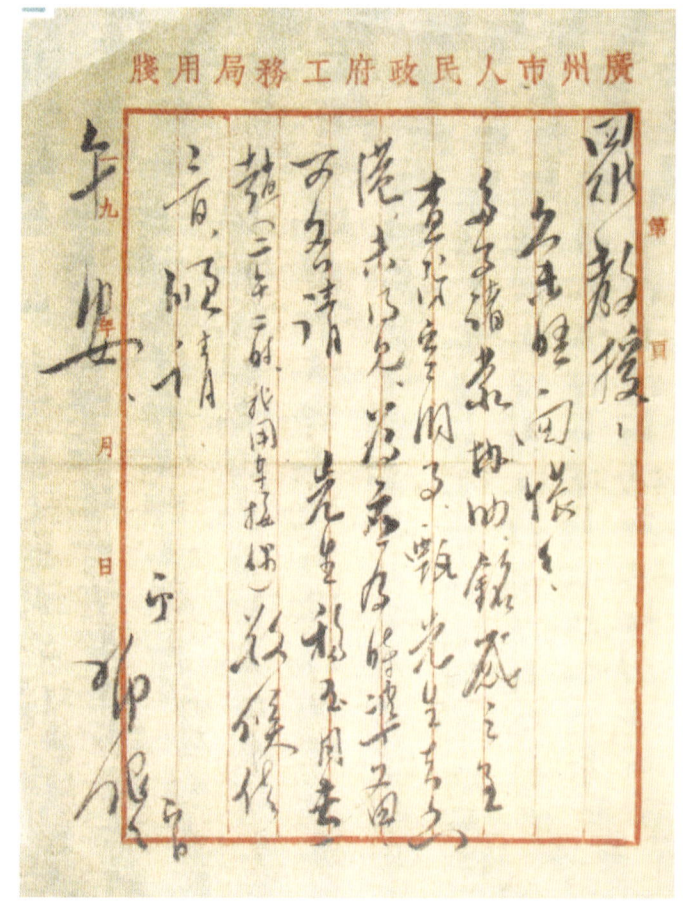

广州市人民政府工务局给罗明燏的信（3页）（复制件）

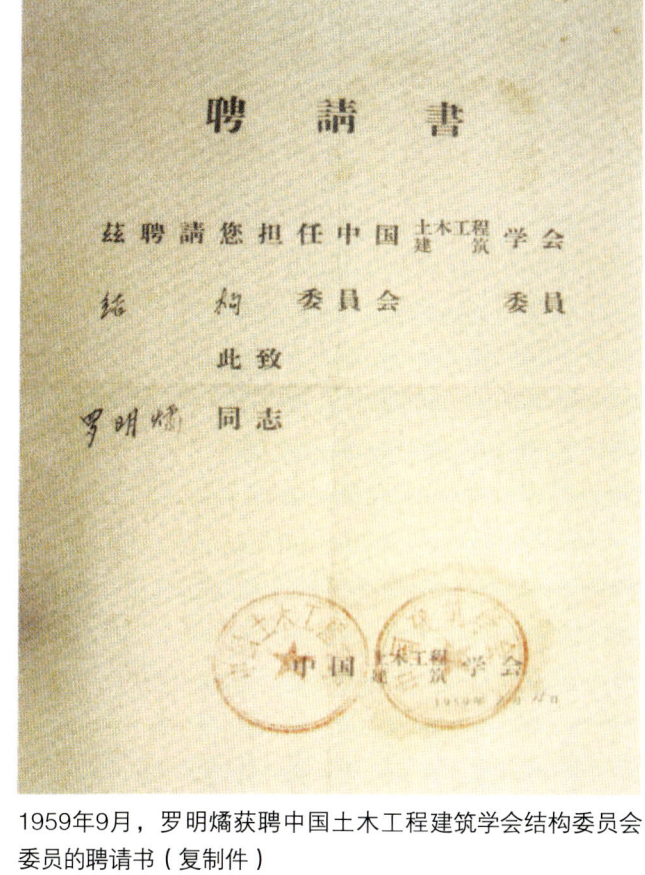

1959年9月，罗明燏获聘中国土木工程建筑学会结构委员会委员的聘请书（复制件）

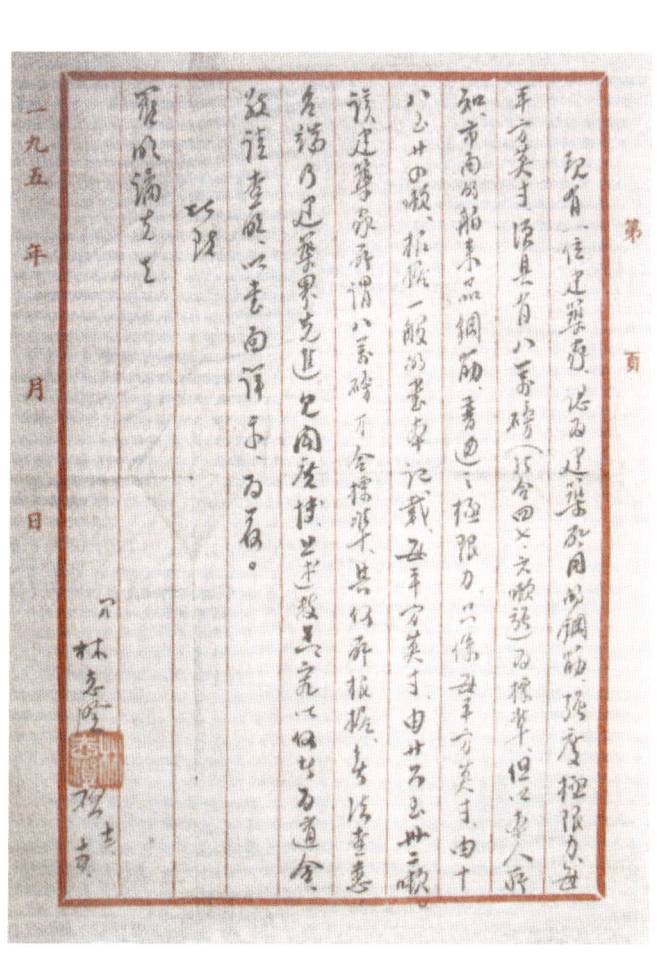

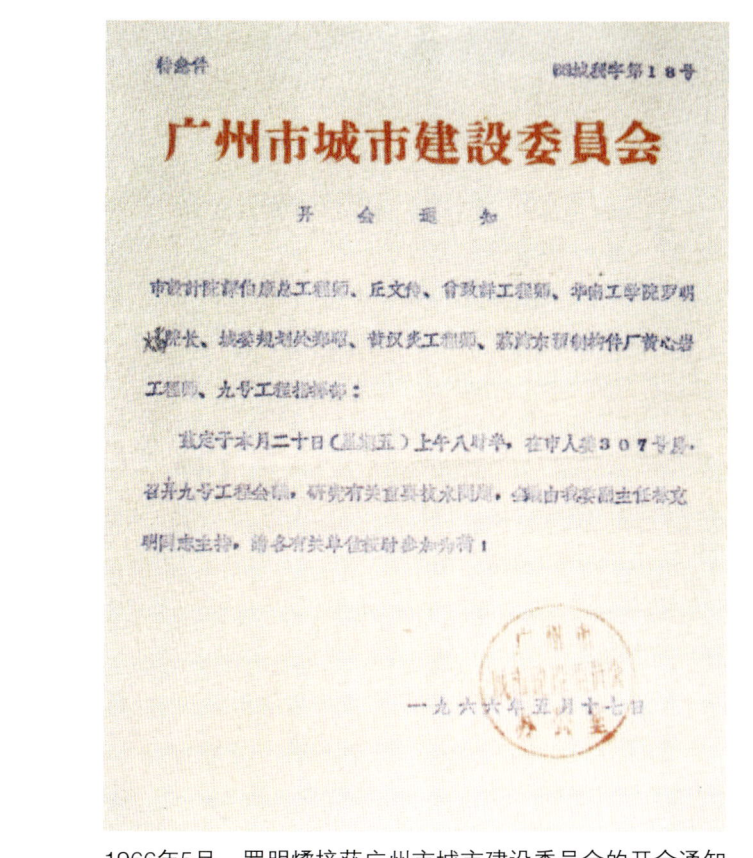

1966年5月，罗明燏接获广州市城市建设委员会的开会通知（复制件）

名师冯秉铨

冯秉铨教授是我国著名的教育家、电子学家,是中华人民共和国无线电电子学科的奠基者之一。1930年本科毕业于清华大学物理学系,获学士学位,1934年硕士毕业于燕京大学,获理学硕士学位,1943年在哈佛大学获博士学位,1946年3月回国后,先后在岭南大学和华南工学院任教。曾任华南工学院教务长、副院长,他执教50年,把自己毕生的精力都献给了教育和科学事业,他学术境界广阔深邃,治学作风踏实严谨,是教育工作者的典范。

作为我国著名的无线电电子科学专家,冯秉铨毕生致力于为国家培养人才,发展国家的科学技术。1958年,在冯秉铨教授主持和参与下,华南工学院研制出华南地区第一台模拟式电阻网络电子计算机,其后于1959年国庆前夕研制出我国第一台俄汉文自动翻译电子计算机。

2010年12月,为纪念冯秉铨教授100周年诞辰,华南理工大学在五山校区逸夫科学馆楼前塑立冯秉铨铜像,追忆这位中国无线电电子学科的重要奠基人、我国著名的教育家、一代名师。

扫码观看"名师冯秉铨"视频

冯秉铨团队研制华南地区第一台电子管模拟计算机的场景雕塑

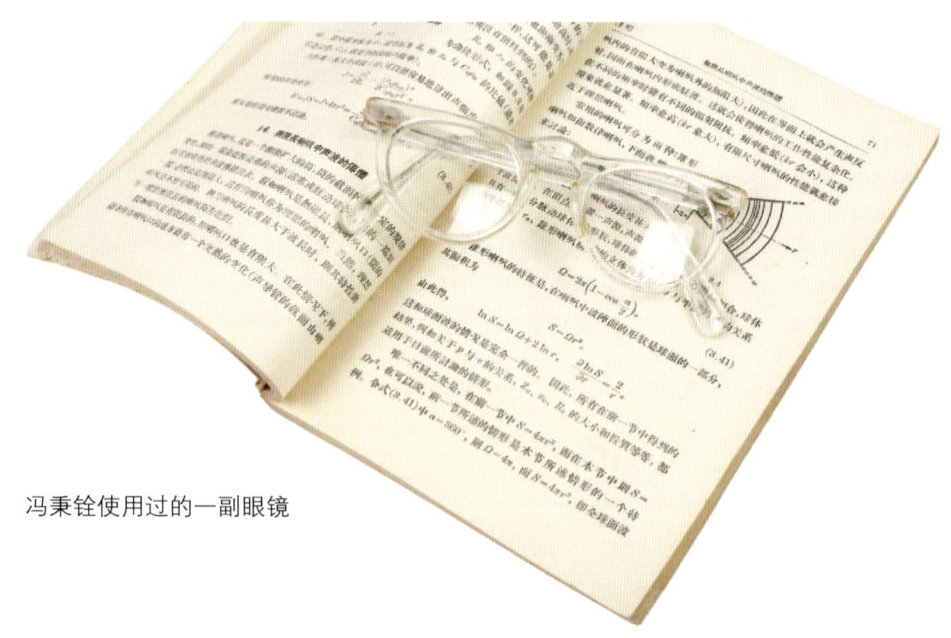

冯秉铨使用过的一副眼镜

年轻时的冯秉铨、高兆兰夫妇

冯秉铨使用过的上海飞鱼牌
英文打字机

冯秉铨使用过的美多牌28A–1型收音机

冯秉铨使用过的讲义

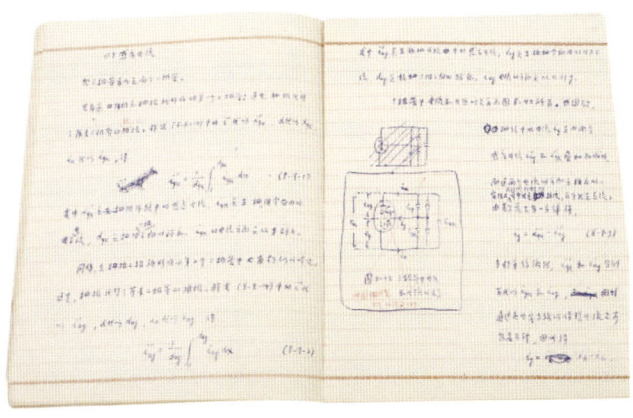

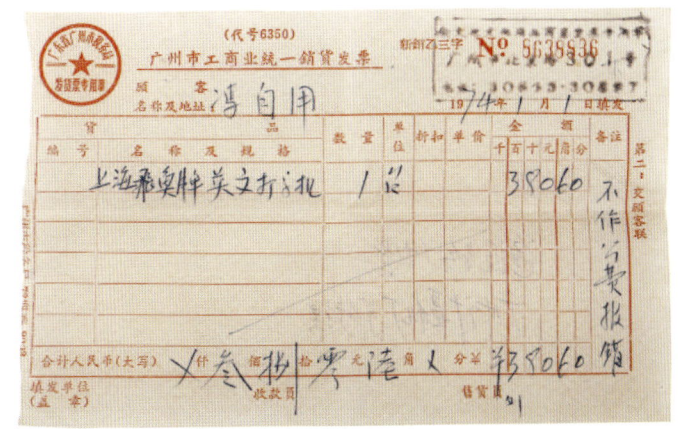

1974年1月，冯秉铨购买上海飞鱼牌英文打字机的发票（上面特别注明"冯自用""不作公费报销"）

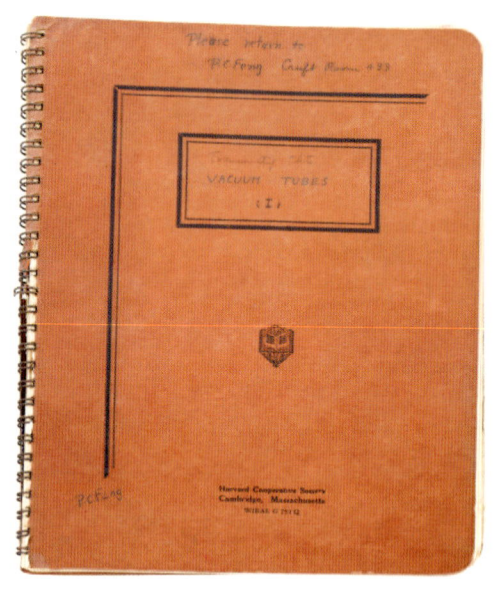

冯秉铨编著的《电声学基础》（高等教育出版社，1957年10月第1版）

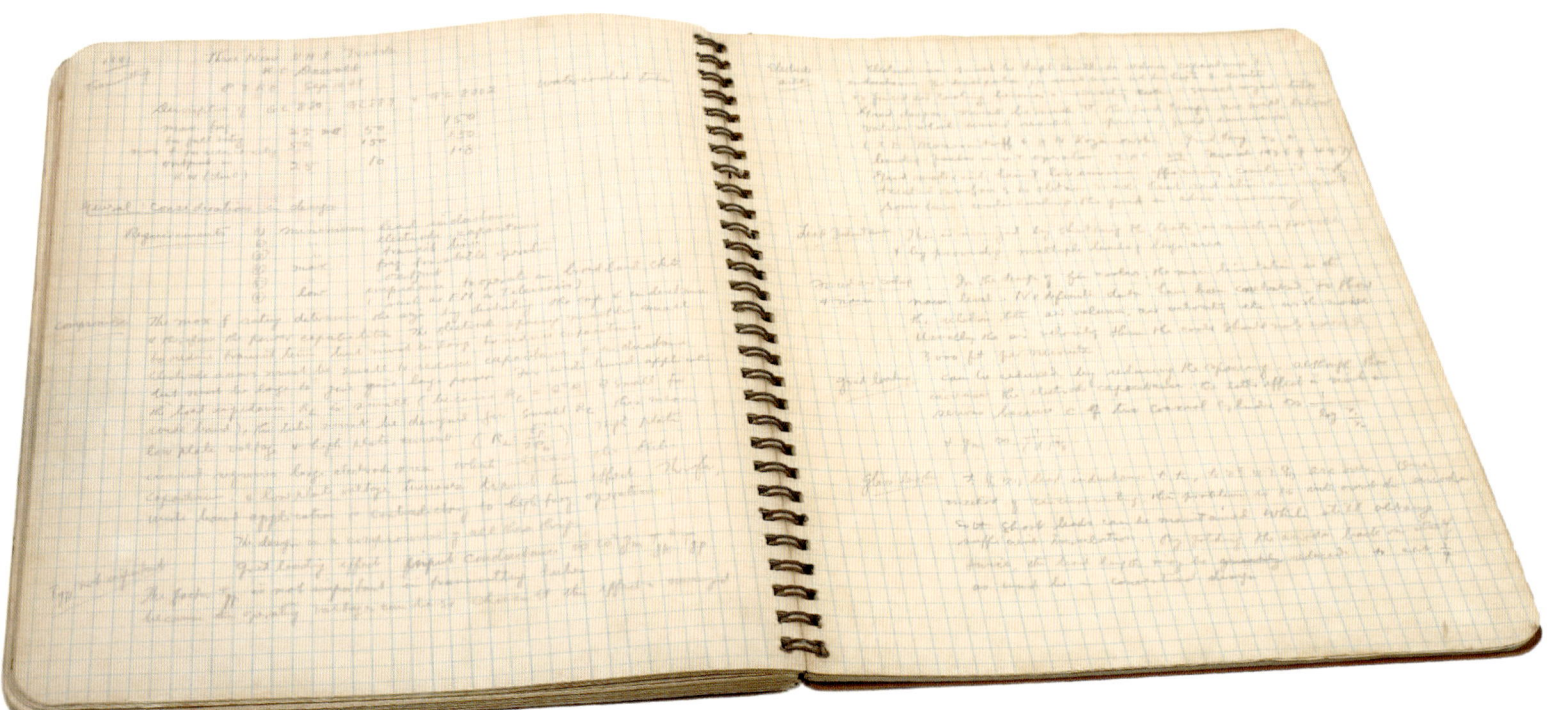

冯秉铨使用过的笔记本

冯秉铨编著的《无线电广播发送设备近年来的某些发展》（科学出版社，1978年7月第1版）

由冯秉铨等翻译的高等学校教学用书《振动与波》（第二册），原著作者高列力克（高等教育出版社，1957年10月第1版）

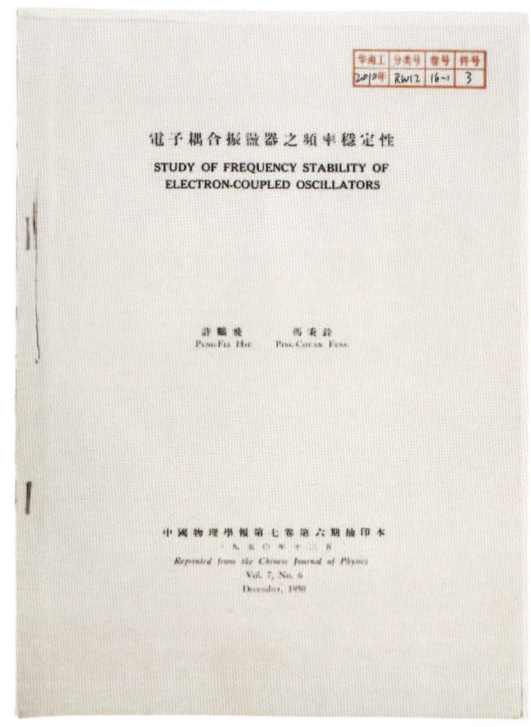

冯秉铨学术论文《电子耦合振荡器之频率稳定性》抽印本(《中国物理学报》第7卷第6期,1950年12月)

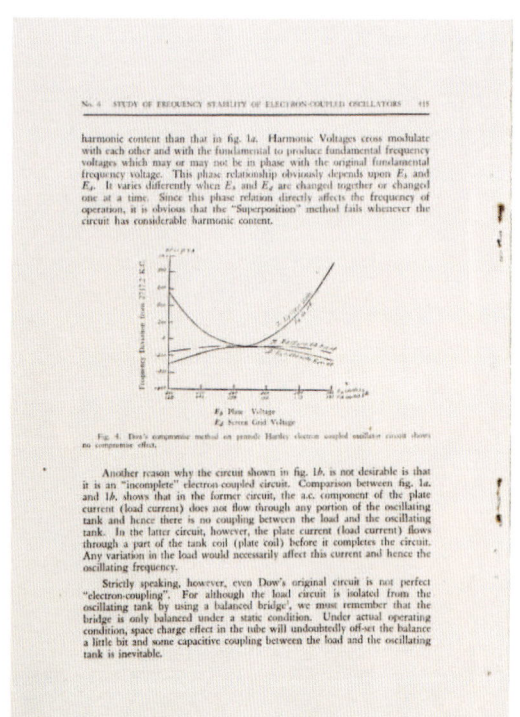

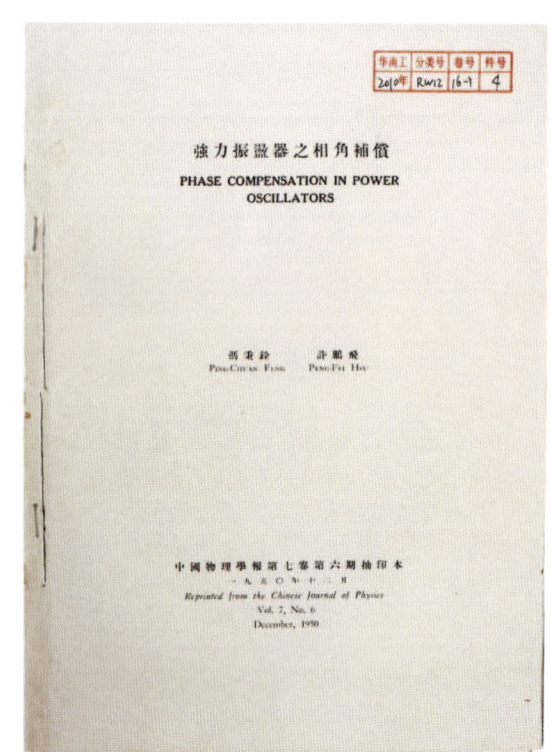

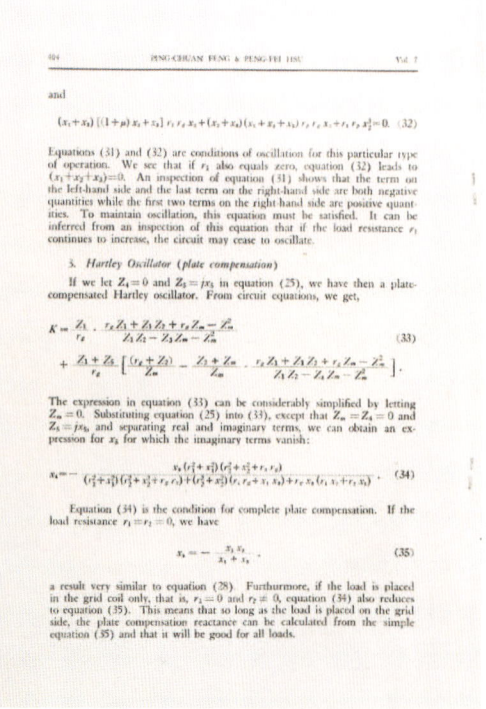

冯秉铨学术论文《强力振荡器之相角补偿》抽印本(《中国物理学报》第7卷第6期,1950年12月)

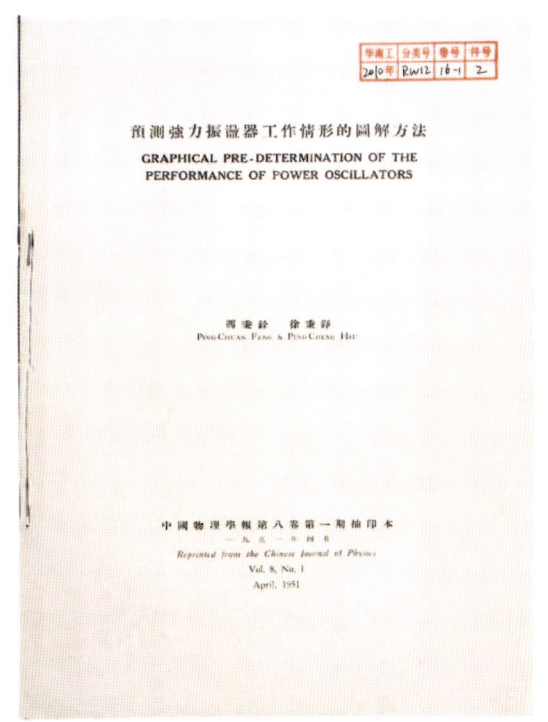

冯秉铨学术论文《预测强力振荡器工作情形的图解方法》抽印本(《中国物理学报》第8卷第1期,1951年4月)

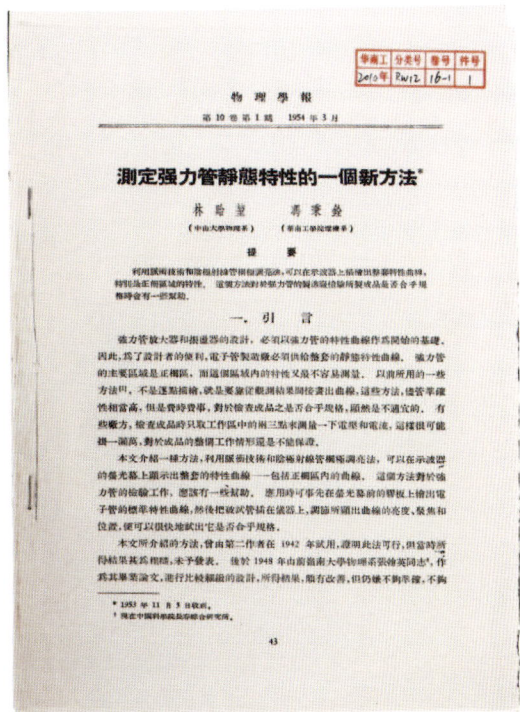
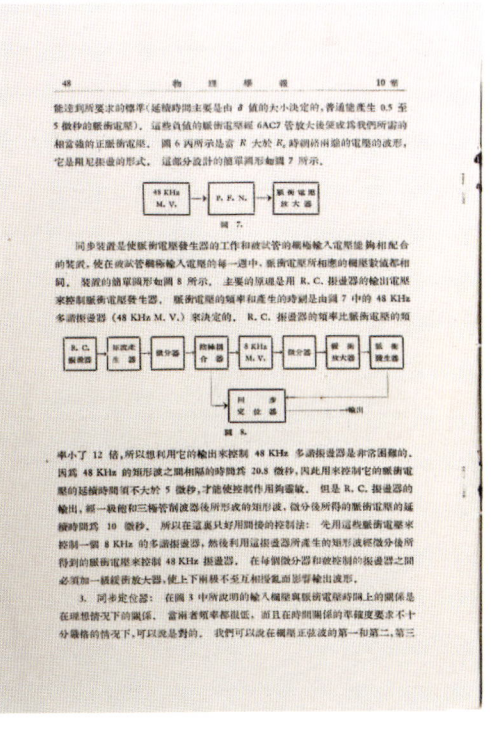

冯秉铨学术论文《测定强力管静态特性的一个新方法》抽印本(《物理学报》第10卷第1期,1954年3月)

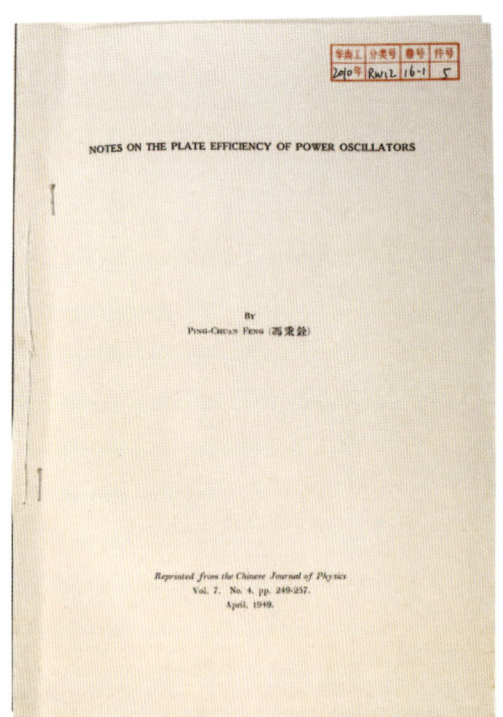
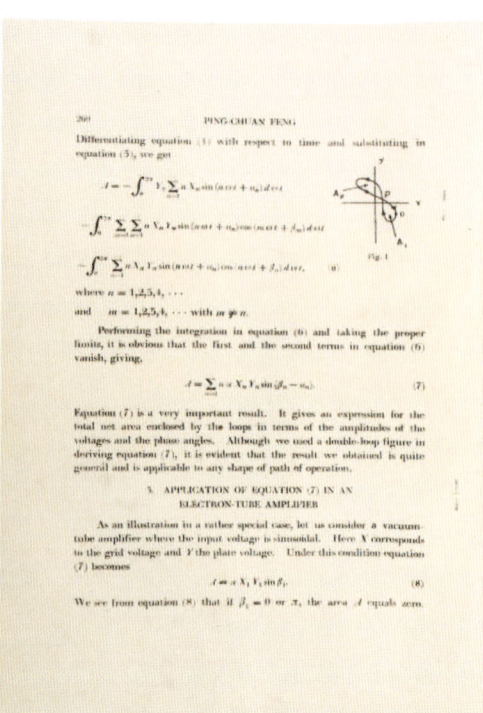

冯秉铨学术论文"NOTES ON THE PLATE EFFICIENCY OF POWER OSCILLATORS"抽印本("Chinese Journal of Physics",Vol.7, No.4. April,1949.)

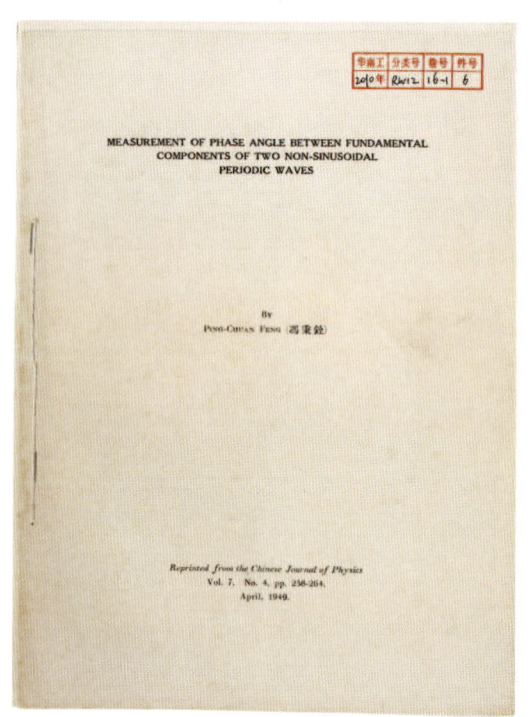
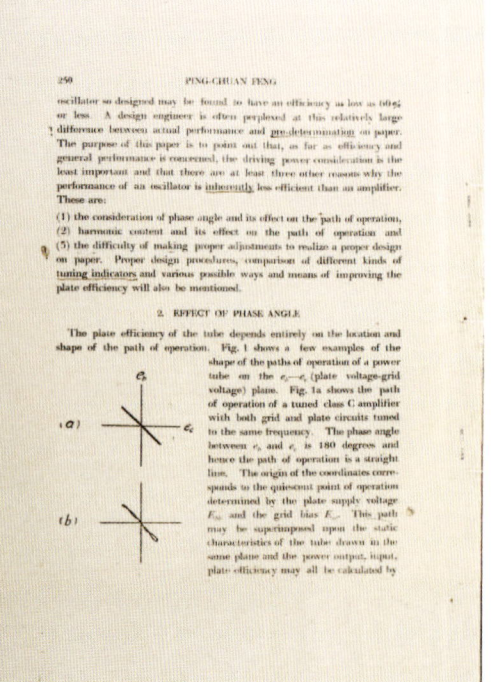

冯秉铨学术论文"MEASUREMENT OF PHASE ANGLE BETWEEN FUNDAMENTAL COMPONENTS OF TWO NON-SINUSOIDAL PERIODIC WAVES"抽印本("Chinese Journal of Physics",Vol.7, No.4. April,1949.)

名师符罗飞

扫码观看"名师符罗飞"视频

符罗飞教授是我国著名的美术家、美术教育家,是我国革命艺术的先行者之一,其艺术实践和艺术思想在中国现代美术史中具有重要意义。

1925年,符罗飞毕业于上海美术专科学校,1930年毕业于意大利皇家美术大学研究院,1938年抗日战争打响以后,他毅然回到处于战乱和困苦中的祖国,体现了一名真正的革命艺术家的品格。战争期间,他奔走粤港桂湘等地,创作出撼人心魂的《饥饿的人民》等作品,让人们从画作中看到人民所遭受的苦难。笔触所及都是对苦难人民的同情和对黑暗社会的强烈控诉。

1949年后,符罗飞在华南工学院任教授,兼任广东美协副主席,在这一时期,他用充满激情的画笔孜孜不倦地描绘人民的新生活,组画《激情的人民》真实地反映了人民的精神风貌。

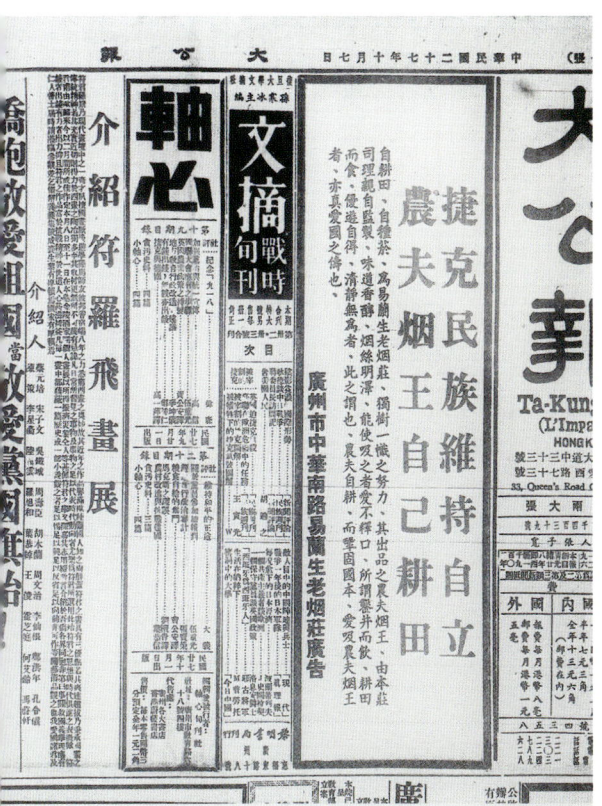

1938年10月7日,《大公报》讯《介绍符罗飞画展》

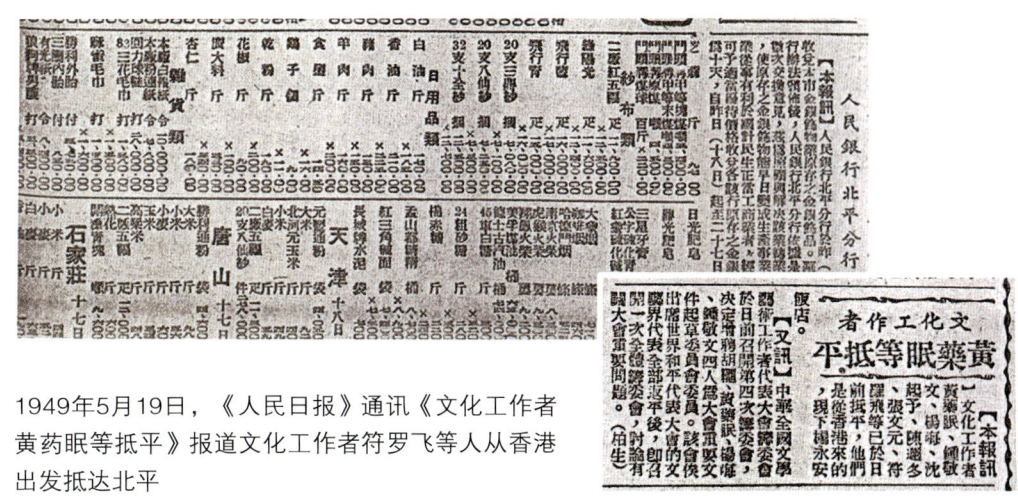

1949年5月19日,《人民日报》通讯《文化工作者黄药眠等抵平》报道文化工作者符罗飞等人从香港出发抵达北平

1949年5月,北京东总布胡同全国文联筹备处,由茅盾主持召集的部分文艺界人士于座谈会后拍照留影,后排右二为符罗飞

1950年3月，《中华全国文学艺术工作者代表大会纪念文集》附录的代表名单，符罗飞作为南方代表第一团团委名列其中

符罗飞20世纪40年代美术作品:《粮尾》《行乞》,收录在《符罗飞·关于人民的素描》一书中

符罗飞20世纪50年代美术作品:《庆翻身》,收录在《符罗飞·关于人民的素描》一书中

符罗飞作品集《符罗飞·关于人民的素描》(广东美术馆编辑出版,1998年1月第1版)

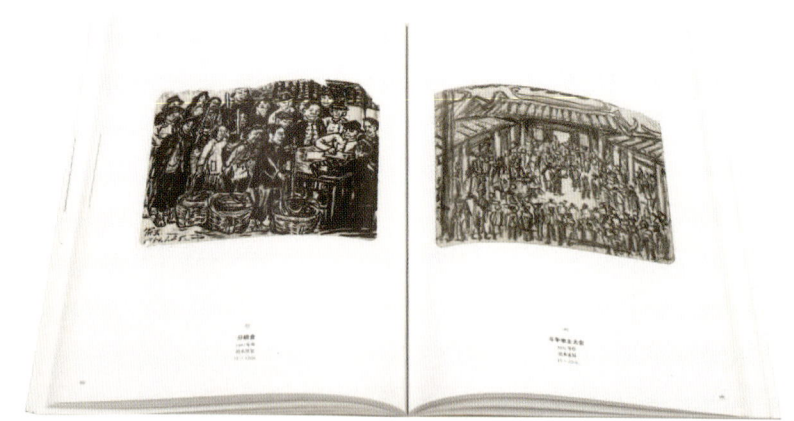

符罗飞20世纪50年代美术作品:《分粮食》《斗争地主大会》,收录在《符罗飞·关于人民的素描》一书中

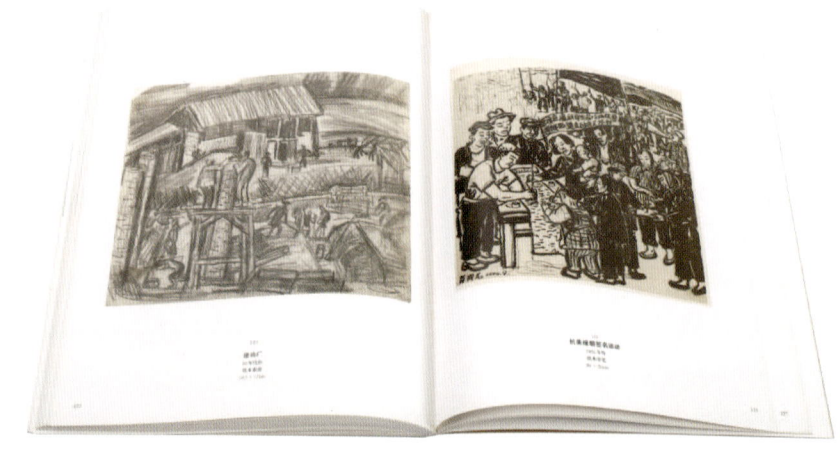

符罗飞20世纪50年代美术作品:《建砖厂》《抗美援朝签名运动》,收录在《符罗飞·关于人民的素描》一书中

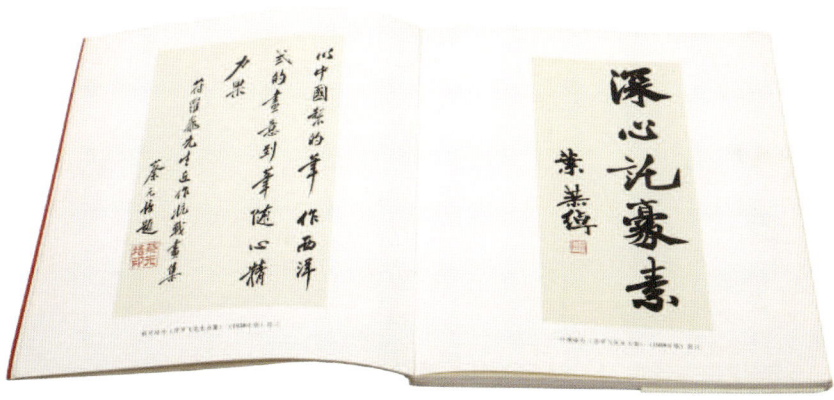

蔡元培、叶恭绰为《符罗飞先生画集》（1938年版）的题词，收录在《符罗飞画集》（1984年版）一书中

符罗飞20世纪40年代美术作品：《劳役》《饥饿的人民》《小乞与巨贾》，收录在《符罗飞画集》（1984年版）一书中

《符罗飞画集》（人民美术出版社，1984年8月第1版）

符罗飞20世纪60年代美术作品：《瓜果》《海军战士》，收录在《符罗飞画集》（1984年版）一书中

符罗飞20世纪60年代美术作品：《东江游击队员》《彭湃烈士的母亲》，收录在《符罗飞画集》（1984年版）一书中

第三章

DISAN ZHANG
CHUNHUA QIUSHI LINGWEN GUANGYU

春华秋实 令闻广誉

　　华南理工大学办学条件良好，治学严谨，为师生们提供了优良的教学和学习环境。学校始终坚持"三创型（创新、创造、创业）"、具有国际视野、高素质的拔尖创新人才的培养目标，着力培养创新型、复合型人才，为国家的建设发展输送符合时代需求的栋梁之材。

　　在钟灵毓秀、生机盎然的华园中，老师们在三尺讲台上辛勤耕耘，春风化雨，培育英才；学生勤学苦研，勇于探索，精益求精。多年来，华南理工人在学术研究方面卓有成效，参加国内外科技竞赛亦屡屡捧杯，师生们在文艺创作、体育竞赛、志愿服务等方面同样不遗余力，收获累累硕果。华园的园丁学子在各个领域施展才华，绽放青春，向外界展现了朝气蓬勃、追求卓越的精神面貌。

1954—1956年，华南工学院荣获广州市高等院校球类比赛女子排球第一名

1958年，华南工学院荣获广东省国防体育运动大会摩托车越野竞赛总分第一名

1991年7月，华南理工大学荣获全国大学生第一届田径锦标赛男子团体总分第一名

"'95广州—亚洲大学生田径邀请赛"由广东省教育厅和华南理工大学共同承办。1995年11月,来自亚洲8个国家和地区的33所高校近400名运动员莅临华南理工大学参加比赛,华南理工大学以7枚金牌、5枚银牌、6枚铜牌获团体总分第一名

1995年4月,华南理工大学荣获中华人民共和国专利局颁发的"全国专利工作先进高校"奖牌

1993—1998年，华南理工大学获授"党的建设和思想政治工作先进高等学校"称号

1996年，华南理工大学获国家教育委员会颁发的"全国高等学校科技管理先进单位"奖牌

2003年11月,华南理工大学在第八届"挑战杯"全国大学生课外学术科技作品竞赛中荣获"高校优秀组织奖"

2003年11月,华南理工大学学生团队在第八届"挑战杯"全国大学生课外学术科技作品竞赛中获得特等奖

2004年8月，华南理工大学荣获中华人民共和国第七届大学生运动会"钱伟长杯"游泳比赛男子甲组团体总分冠军

2004年8月，华南理工大学获得中华人民共和国第七届大学生运动会"校长杯"冠军

2005年7月，华南理工大学艺术学院教师指导萨克斯四重奏《为萨克斯而作》，荣获全国第一届大学生艺术展演活动器乐节目一等奖

2008年,华南理工大学建筑设计研究院"华南理工大学逸夫人文馆"项目获2006年度全国优秀工程设计金奖

2006年4月2日晚,"建筑杯"中国女排与华南理工大学男排对抗赛在五山校区海丽文体中心举行,华南理工男排凭借身高与速度优势以3∶1的好成绩赢得比赛,捧得了优胜奖杯

2008年12月,华南理工大学《廿一载风雨路 廿一载"义工"情》获得2008年高校校园文化建设优秀成果评选特等奖

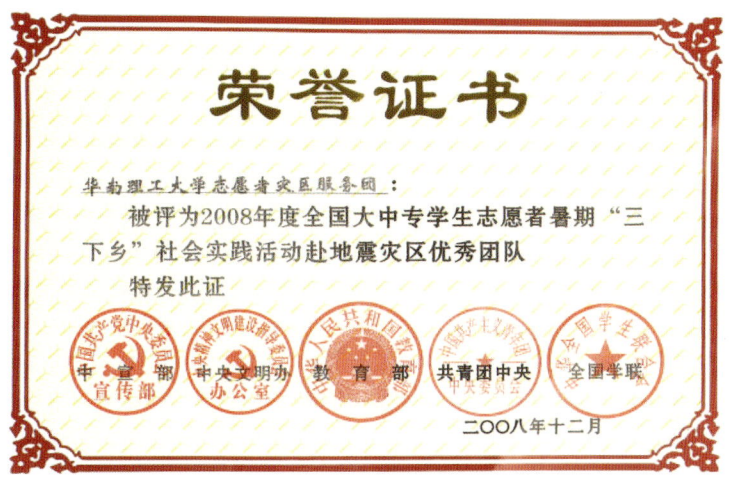

2008年12月,华南理工大学志愿者灾区服务团被评为2008年度全国大中专学生志愿者暑期"三下乡"社会实践活动赴地震灾区优秀团队

2009年,华南理工大学建筑设计研究院"乐山大佛博物馆"项目获2008年度全国优秀工程勘察设计奖金奖

2009年，华南理工大学建筑设计研究院"广东省第十二届运动会场馆（佛山世纪莲体育中心、体育场）"项目获IOC/IAKS体育中心银奖

2010年上海世博会中国馆"东方之冠"模型

2010年上海世博会中国馆由华南理工大学建筑设计研究院院长何镜堂院士领衔设计。中国馆以"东方之冠"为构思，展现"城市发展中的中华智慧"，意蕴天人合一的和谐理念，建筑造型整合丰富多元的中国元素，体现了中国精神与中国气韵。这款模型由华南理工大学建筑设计研究院赠予学校。

2010年11月,华南理工大学团委获授第16届亚洲运动会"志愿服务特别贡献奖"

2010年12月,华南理工大学获授广州2010年亚运会、亚残运会开闭幕式仪式、演出和制作"突出贡献纪念"奖牌

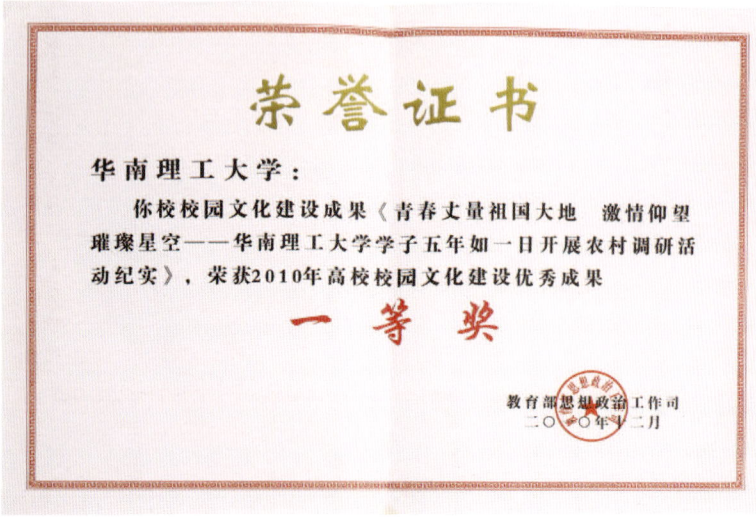

2010年12月,校园文化建设成果《青春丈量祖国大地 激情仰望璀璨星空——华南理工大学学子五年如一日开展农村调研活动纪实》荣获2010年高校校园文化建设优秀成果一等奖

2011年12月,华南理工大学艺术学院青年教师创作的钢琴独奏《摇曳的歌》获第八届中国音乐金钟奖银奖

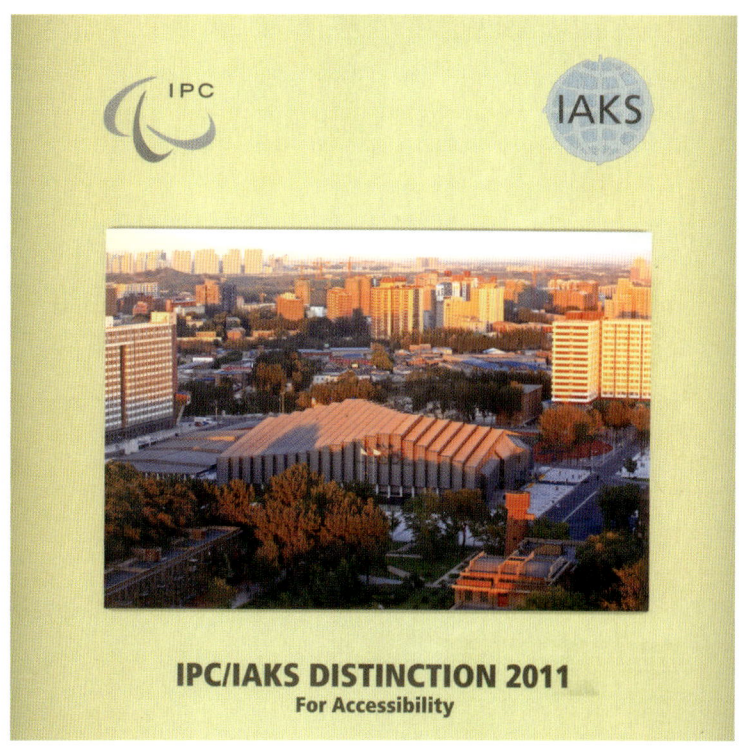

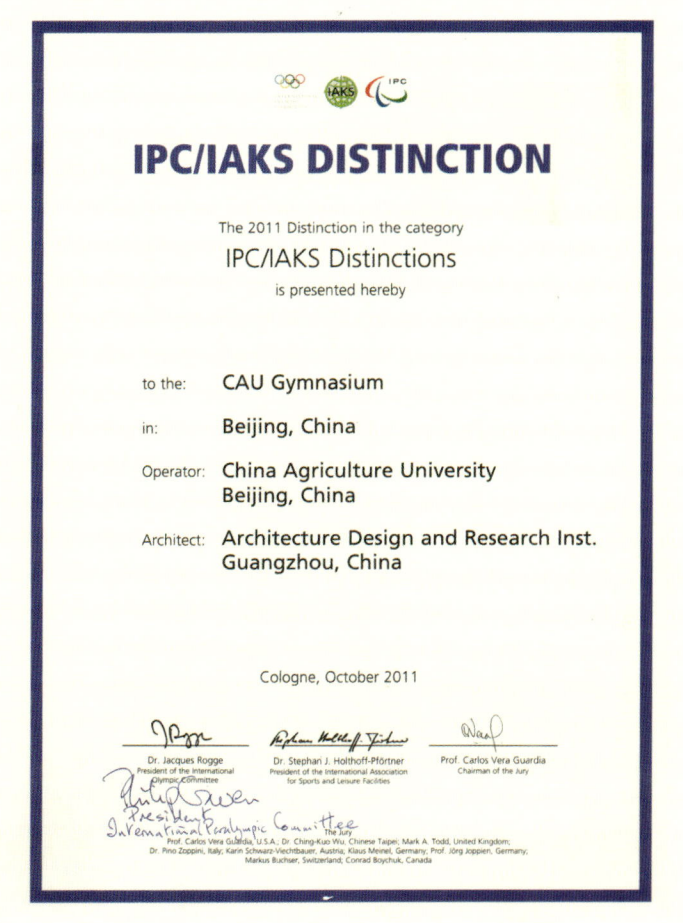

2011年,华南理工大学建筑设计研究院"2008年奥运摔跤比赛馆(中国农业大学体育馆)"项目获IPC/IAKS杰出功勋奖

2012年8月,华南理工大学2011级运动训练专业本科生陈定在2012年伦敦奥运会上夺得田径项目男子20公里竞走冠军

2012年,华南理工大学建筑设计研究院"广州珠江新城西塔"项目获英国皇家建筑协会建筑设计奖

IOC/IAKS AWARD 2013

The Award 2013 in the category

Major outdoor stadiums

is presented hereby in the grade

GOLD

to the:

Bao'An Stadium
Shenzhen, China

Architect:

gmp - von Gerkan, Marg and Partners
Hamburg, Germany

South China University of Technology
Guangzhou, China

Operator:

Sports Bureau of Bao'an District
Shenzhen, China

Dr. Thomas Bach
President of the International
Olympic Committee

Dr. Stephan J. Holthoff-Pförtner
President of the International Association
for Sports and Leisure Facilities

Prof. Carlos Vera Guardia
Chairman of the Jury

The Jury
Prof. Carlos Vera Guardia, U.S.A.; Dr. Ching-Kuo Wu, Chinese Taipei; Mark A. Todd, United Kingdom;
Dr. Pino Zoppini, Italy; Karin Schwarz-Viechtbauer, Austria; Klaus Meinel, Germany; Prof. Jörg Joppien, Germany;
Markus Buchser, Switzerland; Conrad Boychuk, Canada

2013年，华南理工大学建筑设计研究院"2011年深圳大运会场馆（深圳市宝安体育场）"项目获IOC/IAKS金奖

2015年10月，华南理工大学方程式赛车队获得2015年中国大学生方程式汽车大赛成本与制造分析（燃油组）第一名

2015年，华南理工大学建筑设计研究院"侵华日军南京大屠杀遇难同胞纪念馆扩建工程"项目获第十四届全国优秀工程勘察设计奖金奖

2017年11月,华南理工大学获得第一届全国文明校园荣誉称号。全国共有39所高校获评第一届全国文明校园,其中仅有6所"双一流"建设A类高校入选,华南理工大学名列其中

2017年9月,第四届"丝绸之路"国际艺术节在陕西西安举行。9月19日晚,华南理工大学艺术学院室内乐团受邀演出"秦粤时空",荣获丝路文化贡献奖,成为艺术节上唯一获奖的室内乐团

2017年11月,华南理工大学方程式赛车队获得
2017中国大学生方程式汽车大赛营销报告第一名

2017年8月，华南理工大学华南虎战队在"第十六届全国大学生机器人大赛ROBOMASTER 2017 机甲大师赛"中荣获全国赛一等奖（本届大赛未设特等奖）

2018年7月，华南理工大学华南虎战队在"第十七届全国大学生机器人大赛ROBOMASTER 2018 机甲大师总决赛"中荣获特等奖

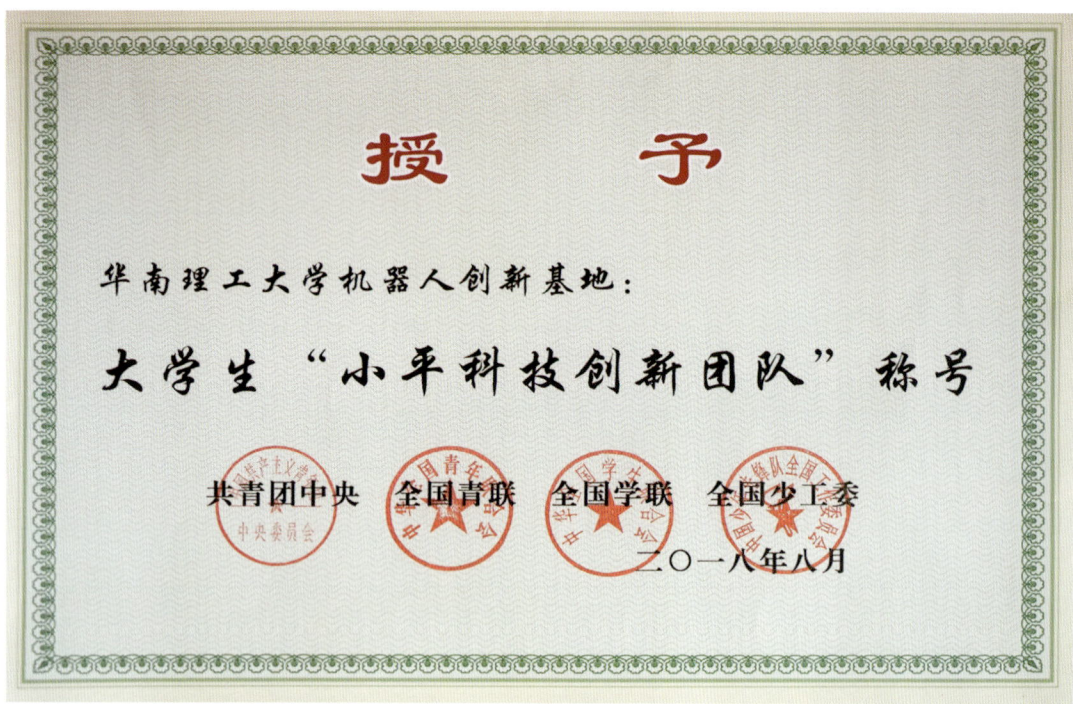

2018年8月,华南理工大学机器人创新基地荣获大学生"小平科技创新团队"称号

2018年8月,华南理工大学—都灵理工大学联队获得2018中国国际太阳能十项全能竞赛综合第一名

第四章 学术文化 四海交流

DISI ZHANG
XUESHU WENHUA SIHAI JIAOLIU

改革开放以来，随着华南理工大学综合实力的提升，学校的文化交流与学术合作活动变得更为频繁而高端。学校不断加强与国内外知名高校、企业和专家学者的学术交流与合作，在吸取先进经验技术、促进学校学术发展的同时，还扩大了华南理工大学的知名度，有助于提升学校在国内、国际上的学术地位。

如今，华南理工大学进一步创新国际合作模式，全力推进广州国际校区的建设，探索实施学院与世界一流大学之间全方位、实质性和高水平的合作，为华园师生拓宽对外交流的渠道，扩展学术文化交流的广度与深度，有助于学校创新体制机制，提高办学质量，推进世界一流大学的建设。华南理工大学的对外交流工作必将获得更大的发展空间，迎来更多的机遇与挑战。

维纳、钱学森铜像

1990年广州自动化大厦落成时，华南理工大学自动化系李树英教授自行出资制作我国著名科学家、工程控制论创始人钱学森及美国数学家、控制论创始人维纳的铜像，摆放于自动化大厦一楼进门大厅。广州自动化大厦曾用作华南地区第一家高科技企业——华南自动化联合工程公司的办公大楼，由时任广东省自动化学会会长、华南工学院自动化系副主任、《控制理论与应用》研究室主任李树英教授兼任该公司总经理。2017年，华南自动化联合工程公司解散，铜像由李树英教授从自动化大厦运至学校五山校区3号楼存放。

维纳铜像

钱学森铜像

小玉雕龙船摆件

2002年11月,为庆祝华南理工大学建校50周年,广东省科学技术协会赠送小玉雕龙船一座,以示致贺。"一帆风顺 如意吉祥"表达了广东省科学技术协会对华南理工发展的美好祝福。该摆件现摆放于华南理工大学大学城中心酒店。

"国泰民安"玉石龙船

由暨南大学赠予华南理工大学,为两校友好往来的见证物品。

轻舟已过万重山

原人文学院兼职教授陈奕纯赠予华南理工大学,现珍藏于大学城校区图书馆。

瓷画《盛世八骏》

2012年11月,为庆祝华南理工大学60周年华诞,广州军区广州总医院将此画赠予学校,瓷画现珍藏于五山校区励吾科技楼。

千娇万态破朝霞

2003年，华南理工大学人文学院成立之际，原人文学院兼职教授陈奕纯赠送此画作，表达对学院的美好祝愿。

"梅、兰、竹、菊"绘画4幅

为祝贺华南理工大学50周年校庆，2002年11月17日，中共广东省委统战部赠送绘画4幅，目前均珍藏于大学城校区图书馆。

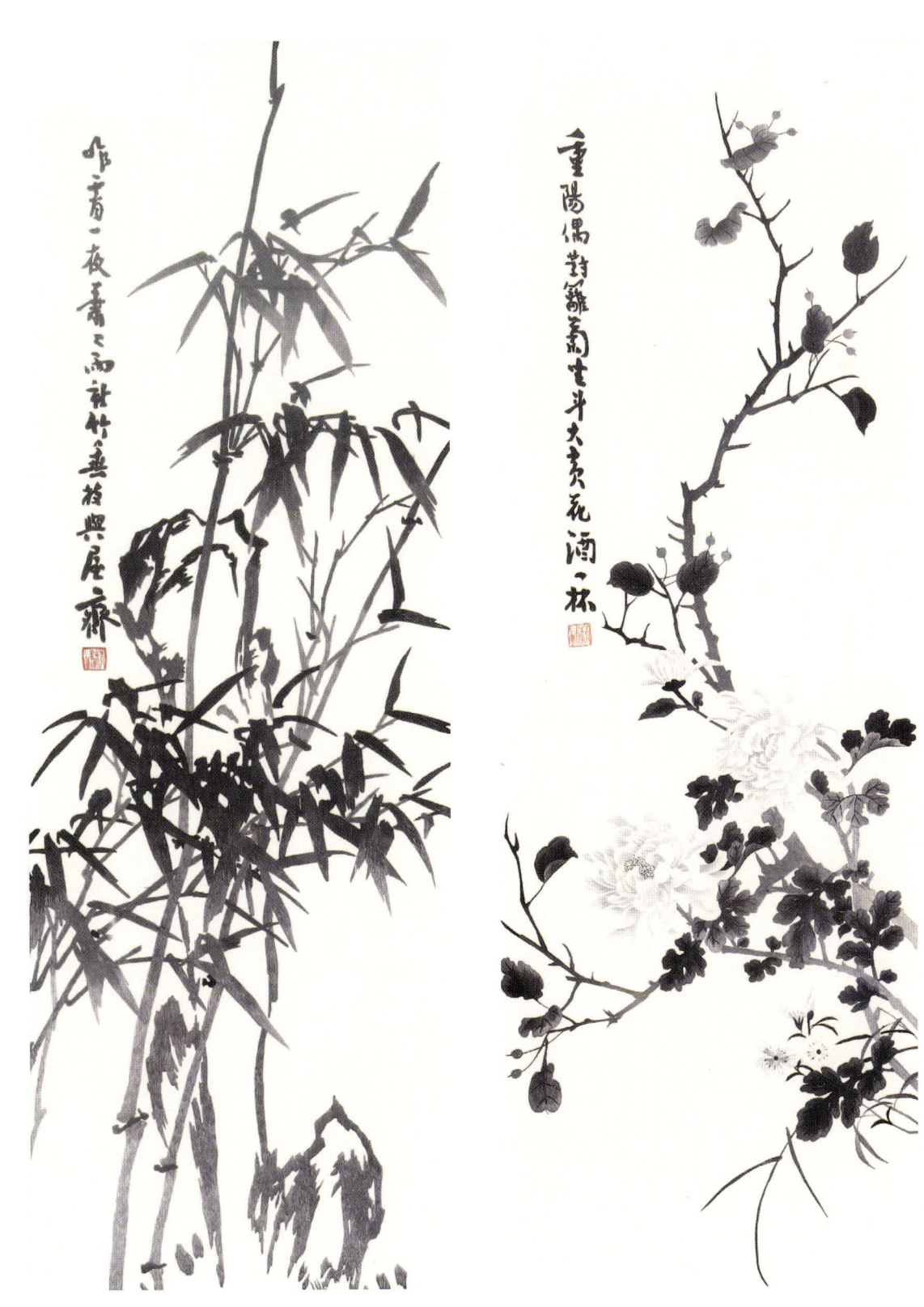

装饰画《厦门大学》

厦门大学赠予华南理工大学的装饰画,画中绘有厦门大学部分建筑远景,目前珍藏于大学城校区图书馆。

越南风光

2012年4月,越南河内开放大学赠予华南理工大学,现珍藏于大学城校区国际教育学院。

银饰刺绣

贵州民族学院（现贵州民族大学）赠予华南理工大学银饰刺绣作品，该刺绣作品具有贵州少数民族刺绣的独特风格，目前珍藏于大学城校区图书馆。

第四章
学术文化 四海交流

蜀绣

蜀绣是我国四大名绣之一,这件蜀绣由电子科技大学2002年11月赠予华南理工大学。

木底金属牌匾

为法国南特大学2005年赠送。

铜制烛台

为瑞典林雪平大学2002年11月赠送,向华南理工大学50周年校庆送上祝福。

秦陵铜车马

西北工业大学2002年11月赠予华南理工大学秦陵铜车马，以这项极具地方文化特色的礼品为华南理工校庆送上祝福。

木质校牌匾

为澳大利亚昆士兰大学2002年赠送。

银饰金属碗

为英国爱丁堡大学2004年赠送。

"大展鸿图"玻璃盘雕刻

为广东科学技术职业学院赠送，现珍藏于大学城校区图书馆。

玻璃纪念盘

为英国伦敦大学玛丽皇后学院2002年赠送。

茶道碗

大连理工大学将这款邢良坤陶艺茶道碗赠予华南理工大学。

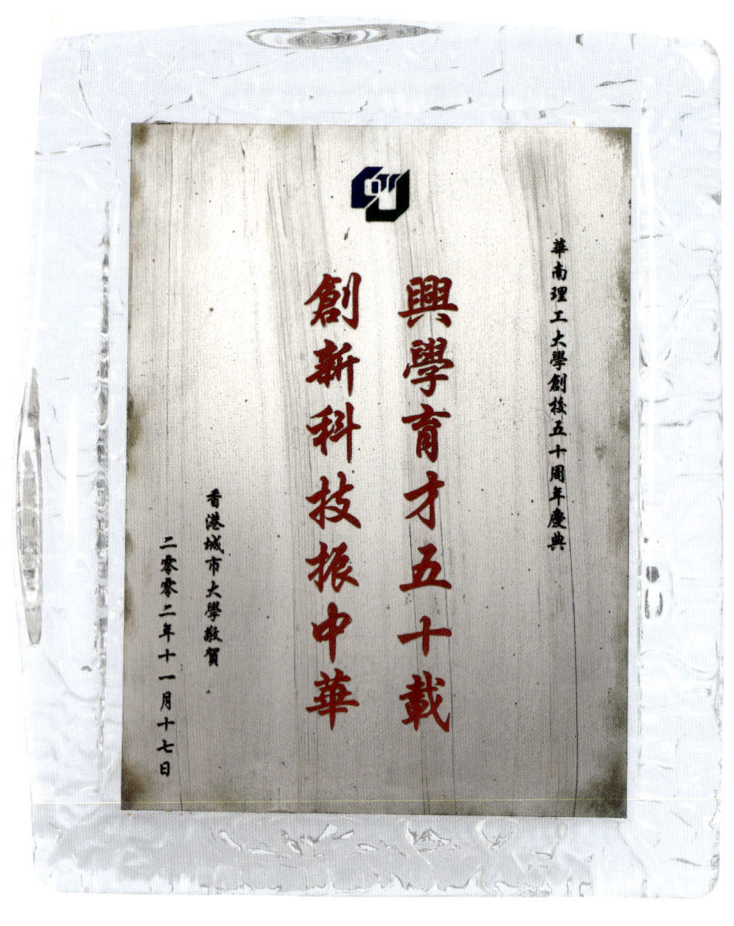

韶关风采楼水晶摆台

华南理工大学网络教育学院韶关粤北教学中心赠予学校的水晶摆台,摆台上镶嵌有广东韶关风采楼景观,现珍藏于大学城校区图书馆。

水晶牌匾

为香港城市大学2002年11月赠送,"兴学育才五十载,创新科技振中华"表达了香港城市大学对华南理工大学50年发展成果的赞美。

狮型瓷器

为时任德国费劳恩霍夫协会主席、广东省省长顾问布凌格教授赠送。布凌格教授是生产技术、创新与信息管理等研究领域的国际知名专家，2005年被聘为华南理工大学名誉教授，曾在华南理工大学数次开讲，其讲座深受师生欢迎。

纪念盘

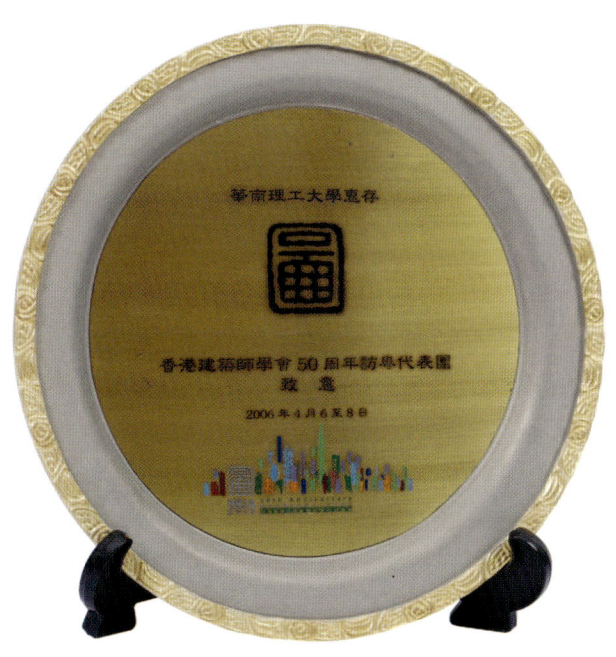

为2006年4月香港建筑师学会50周年访粤代表团赠送，现珍藏于大学城校区图书馆。

孺子牛

为2002年11月深圳大学赠送。鲁迅先生"横眉冷对千夫指,俯首甘为孺子牛"名句使孺子牛的精神得到升华和拓展,孺子牛寓意老师鞠躬尽瘁,不图回报,为教育事业不断付出的奉献精神。

彩色金属饰品

为泰国农业大学2006年赠送。

座钟

为北京理工大学赠送。

地球仪

为2002年11月湖北工学院（现湖北工业大学）赠送。

中国女排签名纪念排球

2006年4月2日晚,"建筑杯"中国女排与华南理工大学男排对抗赛现场,中国女排向华南理工大学赠送了这个纪念排球,球上有时任主教练陈忠和与队员们的签名。

扫码观看"中国女排签名纪念排球"视频

华南师范大学校庆纪念砚台（一对）

2003年12月7日，华南师范大学将70周年校庆纪念砚台赠予华南理工大学收藏留念，目前珍藏于大学城校区图书馆。

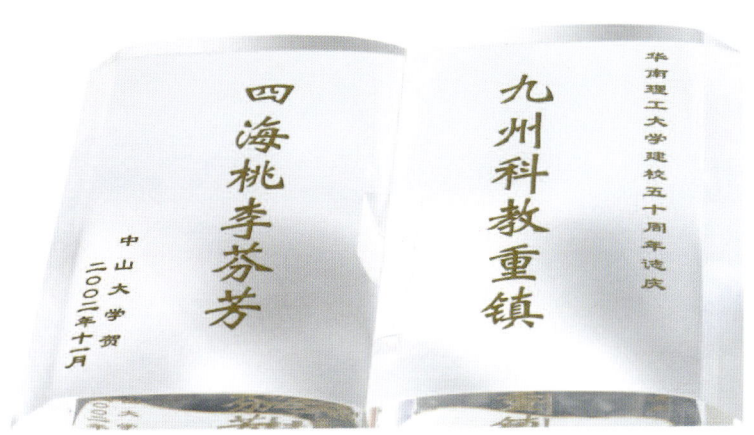

书本造型水晶装饰

2002年11月中山大学赠送书本造型水晶装饰，"九州科教重镇 四海桃李芬芳"表达了中山大学对华南理工大学的衷心祝愿。

玉石压条

为台湾逢甲大学赠送的校庆纪念品。

世纪万寿宝鼎

为西安交通大学赠送,表达对华南理工大学教育事业的美好祝愿。

"至诚金鼎"模型

2006年3月，浦发银行广州分行赠予华南理工大学"至诚金鼎"模型一件，目前珍藏于大学城校区图书馆。

神舟七号实体模型

这款神舟七号载人航天飞船1：80实体模型，由中国太原卫星发射中心赠送。

"满园春色"牙雕

珠海市委、市政府2002年11月赠予华南理工大学"满园春色"牙雕，表达对学校发展的美好祝愿。

"更上一层楼"牙雕

2012年广州医学院（现广州医科大学）赠予华南理工大学"更上一层楼"牙雕，现珍藏于五山校区励吾科技楼。

"广州传说"牙雕

2012年11月,南方医科大学赠予华南理工大学"广州传说"牙雕,现珍藏于五山校区逸夫人文馆。

荷塘清香落地花瓶（一对）

2012年11月，华南理工大学喜迎甲子校庆，独立学院广州学院赠予华南理工大学荷塘清香落地花瓶一对。花瓶上绘有满塘荷花，红荷芬芳，莲蓬垂坠，鱼戏叶间，鸳鸯拂水，呈现出勃勃生机。这对典雅大方的落地花瓶现摆放在五山校区励吾科技楼一楼大厅。

扫码观看"荷塘清香落地花瓶"视频

松龄鹤寿落地花瓶（一对）

为祝贺华南理工大学建校50周年，2002年11月，韩山师范学院赠予学校松龄鹤寿落地花瓶一对，现珍藏于大学城校区图书馆。

第五章 难忘师恩 校友馈赠

DIWU ZHANG
NANWANG SHIEN XIAOYOU KUIZENG

建校60多年来，华南理工大学在教育理念、培养模式、管理制度等方面不断创新，为国家培养了高等教育各类学生40多万人，高素质的华南理工人在国家经济建设和社会发展中做出了卓越贡献，一大批毕业校友成长为国家科技骨干、著名企业家和领导干部等。

每年11月17日，不计其数的华南理工人总会自发回到学校为母校庆祝生日，校友们徜徉在中山像前、百步梯下、东西湖边，重温难忘的大学时光，衷心祝愿母校未来发展更加美好。感怀母校，难忘师恩，在华南理工大学收获的师生情、同窗谊，是校友们一生受之不尽的宝贵财富，无论身在何方，校友们深深感恩于母校的哺育，并竭力以自己的智慧和才干回报国家、回馈社会，为"华南理工人"增光添彩。

巨幅陶瓷壁饰《印象华园》

2009年11月,为庆祝华南理工大学57周年华诞,校友企业——广东马可波罗陶瓷有限公司赠送给母校巨幅校景陶瓷壁饰《印象华园》,壁饰宽7.95米,高3米,现装饰于大学城中心酒店大堂墙面。

该壁饰内容包括华南理工大学五山校区和大学城校区极具代表性的建筑景观,如大学城校区图书馆、体育馆,五山校区中山像、石牌坊、百步梯、新校训石、逸夫人文馆等,展现了富于特色的校园历史文化,寄托了广东唯美集团马可波罗陶瓷总裁、无机材料系1985届校友黄建平以及公司常务副总裁、无机材料系1992届校友谢悦增浓厚的母校情结。

2009年11月17日,在大学城中心酒店大厅举行的捐赠仪式上,时任华南理工大学党委书记王迎军在致谢辞中深情地说:"《印

象华园》是一幅工艺精美、意蕴深远的陶瓷壁饰,它把华南理工大学校园十大人文景观融汇在一起,辅以名匠纯手工雕刻,一刀一琢细腻逼真,一笔一画栩栩如生,把雕刻艺术与校园美景演绎至臻,在华南理工大学的美丽校园画卷上又增添了绚烂的一笔,为我们的校园人文景观又增添了新的亮点。"

《印象华园》壁饰耗时半年精心制作而成,仅设计阶段画稿就大改3次、小改30次,如此精雕细琢,才成就了这幅精美画卷。

扫码观看"巨幅陶瓷壁饰《印象华园》"视频

小幅陶瓷壁饰《印象华园》

校友企业广东马可波罗陶瓷有限公司将其与巨幅陶瓷壁饰《印象华园》同时赠予母校，这幅小型壁饰现珍藏于五山校区励吾科技楼。

"汕头校友楼"题额

华南理工大学五山校区汕头校友楼,由汕头校友、汕头春源集团董事长林显利先生捐赠300万元港币,并协助贷款筹资兴建。1995年11月17日,学校43周年校庆日当天,该楼举行奠基仪式;1997年11月17日举行落成典礼;1998年大楼正式投入使用。目前主要作为工商管理学院教学科研用房。

"汕头校友楼"题额由国学大师饶宗颐先生所书,是林显利先生邀其题写的。饶宗颐先生出生在广东省潮安县城(今潮州市湘桥区),字固庵、伯濂、伯子,号选堂,是享誉海内外的学界泰斗和书画大师,他与钱钟书并称为"南饶北钱",与季羡林并称为"南饶北季"。汕头校友楼上有"选堂题"三字,意即"汕头校友楼"题额为饶宗颐先生所题写。

扫码观看"'汕头校友楼'题额"视频

源远流长

华南理工大学102（铸造）专业1978级全体校友于2002年为贺母校50周年华诞所赠，寓意母校历史悠长，影响深广。现悬挂于大学城中心酒店。

华南理工大学青岛校友会校庆赠画

2002年11月，华南理工大学50周年校庆之际，青岛校友会向母校赠送此画。画中的学校旧版校徽、南门石牌坊以及老校训石上"博学之 审问之 慎思之 明辨之 笃行之"字样，均是极具代表性的华南理工元素，无不寄托着校友们对母校满满的眷恋。现悬挂于大学城中心酒店。

八骏全图

《八骏全图》宽2.5米,高1.4米,现悬挂于自动化学院大楼进门大厅,为2002年1月华南理工大学自动化科学与工程学院成立时,由四家校友企业集体捐赠,以此致贺,祝愿新成立的自动化科学与工程学院如雄健的骏马,雄姿勃发、奔腾向前、马到成功。

清明上河图·虹桥

2010年11月,为庆祝华南理工大学58周年校庆,河南校友会赠送《清明上河图·虹桥》一幅,该画目前珍藏于大学城校区图书馆。

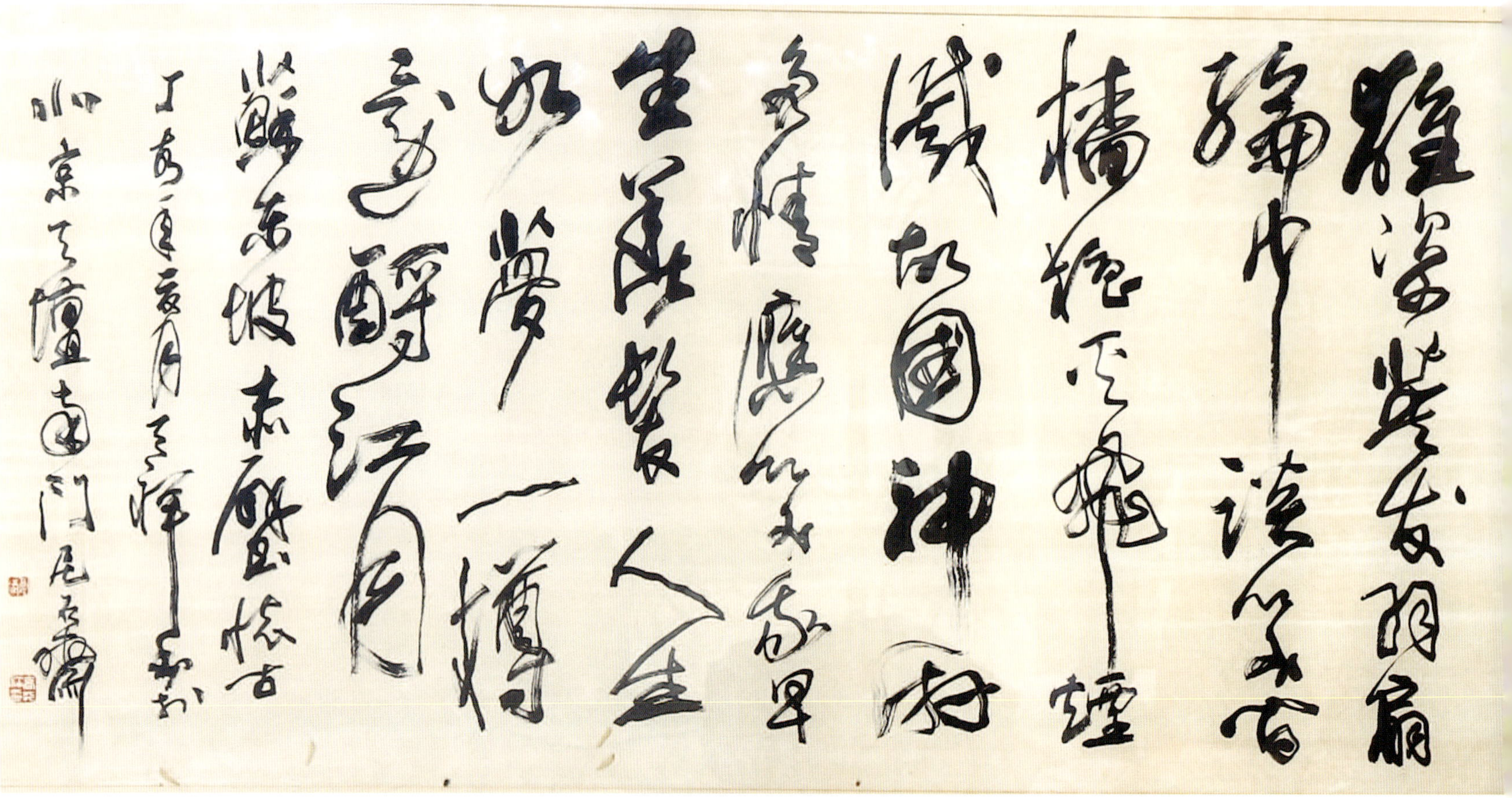

念奴娇·赤壁怀古

华南理工大学校友赠送的高天祥书法作品《念奴娇·赤壁怀古》，目前珍藏于大学城校区图书馆。高天祥系中国美术家协会会员，多年来研习人物、花鸟以及书法，以画牡丹、紫藤、梅花、竹子见长，其作品多次在国内外展出和出版。

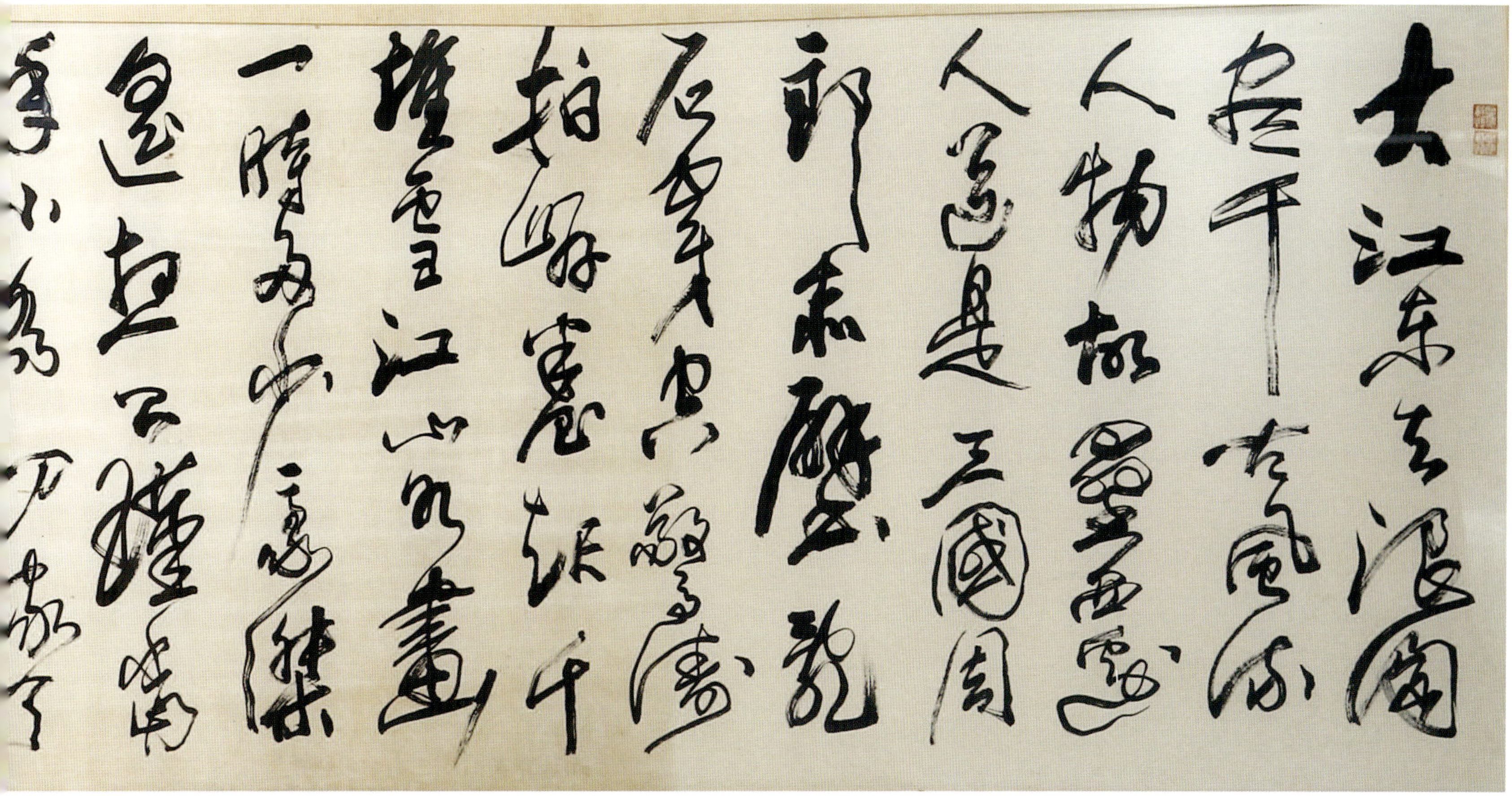

书法绘画集（四幅）

这四幅书法绘画是华南理工大学艺术学院毕业生优秀作品，目前悬挂在大学城校区图书馆三楼休闲阅读大厅两侧墙壁上，供学生驻足欣赏。

墙角数枝梅 凌寒独自开 遥知不是雪 为有暗香来

王安石诗 云堤祥心

游鱼

华南理工大学校友赠予母校的苏百钧作品《游鱼》，苏百钧1951年8月生于广东广州，系中国美术家协会会员。画作现珍藏于大学城校区图书馆。

玻璃挂画《木棉花开》

2002年华南理工大学50周年校庆之时，为表达对母校的深情厚谊，工企电自动化专业70375班校友赠予学校极具岭南特色的玻璃挂画。工企电自动化专业原归属电力系（现电力学院），后来划到自动化系（现自动化学院），如今这幅挂画放在电力学院，珍藏于五山校区9号楼，挂画中木棉花开的景色，是广州市和学校自然风景的一个缩影。

金秋泉韵

2002年11月,正值华南理工大学50周年校庆和工商管理学院20周年院庆,广州邮政局向学校赠送画作《金秋泉韵》一幅,寓意工管人"以山为品、以水为性"的品格,表达了对学院的美好祝愿。

硕果累累

2017年6月,国际教育学院2017届汉语国际教育与传播硕士班的毕业生向学校赠送画作《硕果累累》,表达了对母校的感恩和眷恋之情。现珍藏于大学城校区档案馆。

越南民居

2014年7月，由国际教育学院国际经济与贸易专业"2+2"班越南留学生赠予学校，现放置于大学城校区B1栋多元文化展厅。

越南春光

由国际教育学院2010届越南"2+2"班毕业生赠予学校，现放置于大学城校区B1栋208留学生办公室。

大展宏图

2014年3月，为庆祝国际教育学院成立10周年，越南留学生张文战向学院赠送《大展宏图》，以庆祝学院诞辰，表达了对学院发展的美好祝福。

沁园春·雪

该书法作品长约3.9米，高0.8米，为华南理工大学校友崔仁辉书写，字体为行草。2015年，崔仁辉校友将其赠予母校，表达对大学城校区建设和发展的美好祝愿。目前珍藏于大学城校区。

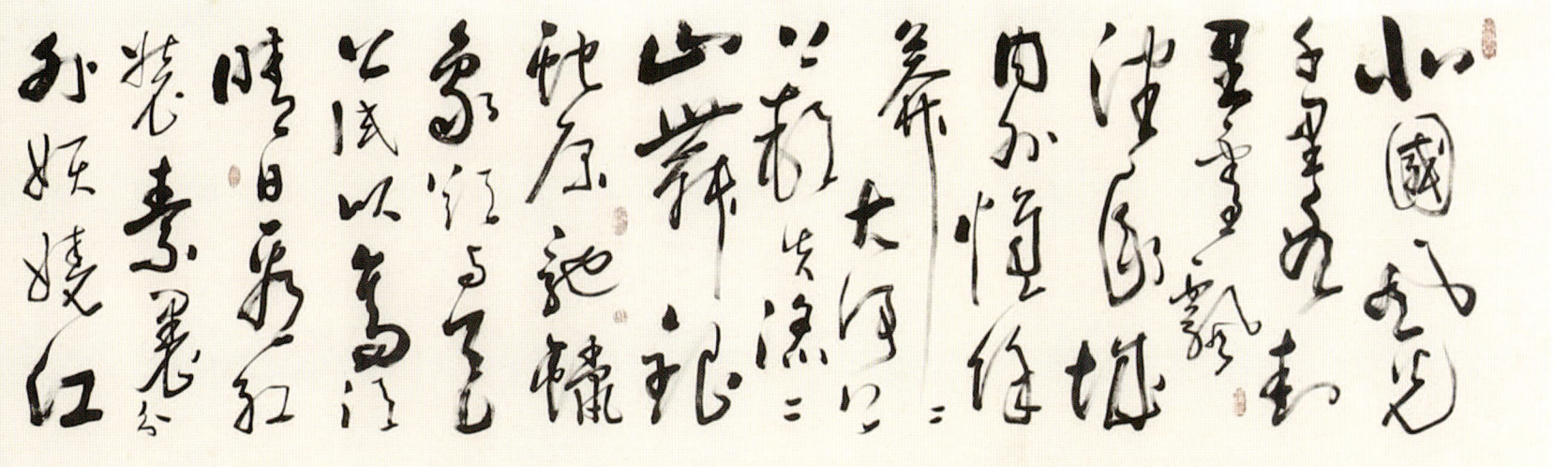

海百合化石

这件珍贵的海百合化石出土于我国贵州省关岭县新铺乡，2012年11月，华南理工大学60周年校庆之际，贵州校友会将其赠予母校。现珍藏于五山校区励吾科技楼。

扫码观看"海百合化石"视频

画屏《荣华富贵》

2002年11月17日,华南理工大学建校50周年之际,佛山校友会赠送学校《荣华富贵》画屏一幅。

木屏风《团结勤奋》《求实创新》

　　由电力学院1986级电机电器701专业校友捐赠。《团结勤奋》屏风顶端雕刻有学校的旧版校徽,中间刻有学校南门石牌坊,以及学校当时的校风上半句"团结勤奋"。《求实创新》屏风顶端雕刻有电力学院的院徽,中间刻有9号楼,以及学校当时的校风下半句"求实创新"。每扇屏风的四边均雕刻有"输电电塔"花纹,寓意电力学院的专业设置。

木屏风《团结勤奋》

木屏风《求实创新》

"青岛风光"贝雕

华南理工大学校友赠予母校的"青岛风光"贝雕，目前珍藏于大学城校区图书馆。贝雕是海的绮丽与传统文化智慧的结晶，具有贝壳的自然美、雕塑的技法美和国画的格调美。

石屏风

1999年，由1975届电机电器701专业校友赠送给华南理工大学电力学院，屏风中的石块图案像一幅山水画，象征着大气磅礴的祖国河山，其中一条黑色条纹，象征着万里长城。

石屏风《大展鸿图》

2004年4月，电力学院建院10周年时，2000届电气工程及自动化专升本班赠送石屏风《大展鸿图》。屏风石材为大理石，产于广东云浮，雕刻精细，安放在五山校区9号楼，寓意同学们大鹏展翅，前程似锦。

九龙十八鲤落地大花瓶（一对）

2007年11月，正值华南理工大学55周年校庆，校友黄灿文代表澳门麒麟集团有限公司赠予母校九龙十八鲤落地大花瓶一对，表达了对母校的美好祝愿。花瓶高约1.8米，肚径0.48米，底落款"景德镇制"，瓶身题有"九龙十八鲤"。花瓶目前珍藏于大学城校区。

扫码观看"九龙十八鲤落地大花瓶"视频

春风桃李香陶瓶

由华南理工大学无机材料1985级甲班校友在佛山石湾特别定制，于2009年10月5日捐赠给母校，表达对母校和恩师的感激之情。现珍藏于大学城校区图书馆。

陶瓷龙盆（一对）

2013年金秋，华南理工大学校庆前夕，公共管理学院2009级行政管理专业硕士研究生校友，向学院赠送了一对产自佛山石湾的陶瓷龙盆，以感谢学院的培育之情。

玉石花瓶

2012年11月,为庆祝华南理工大学建校60周年,1981级轻工机械专业翁飞校友赠送母校玉石花瓶一个,现珍藏于五山校区励吾科技楼。

龙瓷瓶(一对)

由华南理工大学北京校友赠送。

牡丹花瓶（一对）

为乐昌县（现乐昌市）经委系统的华南理工大学校友于1992年赠送，寄托校友希望母校吉祥平安的愿望。

北京2008年奥运缶

2009年11月,华南理工大学迎来57周年校庆。华南理工大学工商管理学院2007级EMBA校友、广东塑料交易所总裁周奕丰先生将拍卖所得的"北京2008年奥运缶"无偿捐赠给母校。

这座编号为1144的奥运缶曾经在2008年北京奥运会开幕式上奏响序曲,如今被摆放在五山校区励吾科技楼一楼大厅。

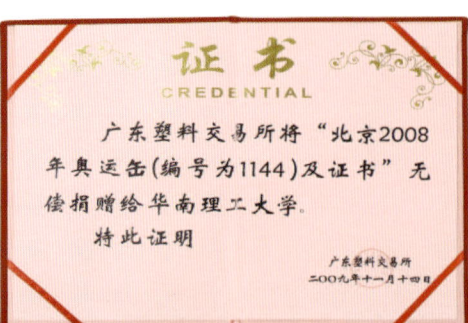

奥运缶捐赠证书

奥运缶捐赠函

奥运缶收藏证书

第五章
难忘师恩　校友馈赠

扫码观看"北京2008年奥运缶"视频

被越南人民击落的美国F105型轰炸机碎片

这块机身碎片来自一架被越南人民用步枪击落的F105型轰炸机,由越南留学生赠予华南工学院。

扇形雕刻模型

由华南理工大学广东电力校友会赠送,雕刻着华南理工大学电力学院正门。现珍藏于大学城校区图书馆。

帆船模型

青岛是中国帆船运动的发源地,被誉为中国"帆船之都"。2011年10月,为纪念华南理工大学青岛校友会成立10周年,校友会向母校赠送帆船模型。现珍藏于大学城校区图书馆。

大玉雕龙船摆件

2002年11月17日,华南理工大学50周年校庆之际,湛江校友会赠予母校大玉雕龙船摆件,祝愿母校乘风破浪,扬帆远航。现摆放于大学城中心酒店。

扫码观看"大玉雕龙船摆件"视频

金鼎模型

2008年6月，华南理工大学中山校友会赠予母校金鼎模型，鼎上刻有"伟人故里 中山金鼎"等字。

"生态绿洲"模型

2008年11月5日，华南理工大学从化校友会成立，校友会向母校赠送"生态绿洲"模型一座，祝母校枝繁叶茂、欣欣向荣。

华南理工大学香港校友会纪念杯

华南理工大学香港校友会成立40周年（1969—2009年）纪念杯，由香港校友会赠予母校。

9号楼石狮子（一对）

1994年底，华南理工大学与广东省电力局共建电力学院。为庆贺学院成立，电力学院第一届研究生班（70275班）校友定制了一对石狮子，表达了对母校及电力学院的感激和眷恋之情。现安放在五山校区电力学院9号楼门前。

扫码观看"9号楼石狮子"视频

石麒麟（一对）

由2007级EMBA（1）班校友捐赠给工商管理学院，现放置在五山校区12号楼正门前。

端溪九龙宝鼎砚

2003年仲春,工商管理学院肇庆同学会向学院捐赠端溪九龙宝鼎砚一座。

扫码观看"端溪九龙宝鼎砚"视频

《美国硅谷校友专利/论文集》及相关光盘

图书与光盘为2002年华南理工大学美国硅谷校友会赠送,体现了远在硅谷的华南理工校友情系母校的赤子情怀。

盛鼎

2013年6月,国际教育学院2013届对外汉语专业校友赠予学校盛鼎一座。盛鼎选取新型材料,采用先进技术精制而成,其造型优美高雅,气势恢宏,寓意繁盛发展。

端砚

为华南理工大学肇庆校友会1987年赠送,该砚石质坚实、润滑细腻,研墨时细滑无声,为砚中上品。

仿兵马俑雕像

由国际教育学院2013届对外汉语专业校友赠予学校,现珍藏于大学城校区档案馆。

恐龙蛋化石

2002年,华南理工大学建校50周年之际,河源市校友会赠予母校两颗当地出土的恐龙蛋化石,表达了河源校友对母校的深切情意。

河源的恐龙蛋化石数量非常多,居世界第二。河源既有恐龙化石,亦有恐龙蛋化石,被誉为"南国恐龙之乡"。

扫码观看"恐龙蛋化石"视频

扫码观看"'志在高飞'玉雕鹰"视频

"志在高飞"玉雕鹰

为茂名校友2002年11月赠送,重180千克,由一整块南方碧玉雕刻而成,表达了校友希望母校教育事业如鹰一样大展宏图、展翅高飞的愿望。

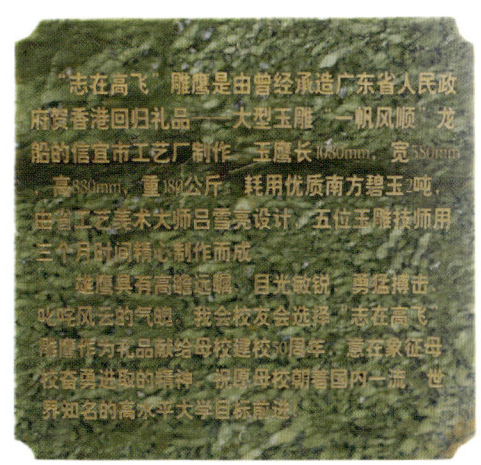

玉花篮

为华南理工大学香港校友会1999年元月赠送,寓意校友期望母校事业发展生机勃勃、欣欣向荣。

木雕雄狮

为华南理工大学广西校友会于2002年11月赠送,寄托着校友期望母校吉祥平安的愿望。

景观木雕

为华南理工大学湛江校友会1975年赠送，木雕错落有致、线条流畅、立体感强，呈现出"多层镂通，剔透玲珑"的南方雕刻风格。

"硕果累累"玉雕

为华南理工大学校友赠送,寓意校友期望母校人才辈出,教育事业及各方面都取得成功。

第六章

DILIU ZHANG
LINGDAO GUANHUAI ZHUNZHUN JIYU

领导关怀 谆谆寄语

华南理工大学作为教育部直属的全国重点大学、首批"世界一流大学建设高校""211工程""985工程"重点建设院校之一，其建设发展向来备受各界关注。华南理工大学今天取得的成就，既离不开党和政府的正确领导，也得益于各级领导和社会各界的关心、支持与帮助。

每年11月17日华南理工大学校庆日，各级领导及社会各界人士还特地发来贺词贺信，殷殷期盼、谆谆寄语，对华南理工大学多年办学成就予以肯定和赞扬的同时，对华南理工大学的未来发展致以美好的祝愿。

坚持德智体美全面发展，继续培养高素质创新型人才，为振兴中华的伟大事业做出新的贡献。

为华南理工大学建校六十周年题也

李岚清

壬辰深秋

国务院原副总理李岚清题词："坚持德智体美全面发展，继续培养高素质创新型人才，为振兴中华的伟大事业做出新的贡献。"

扫码观看"李岚清题词"视频

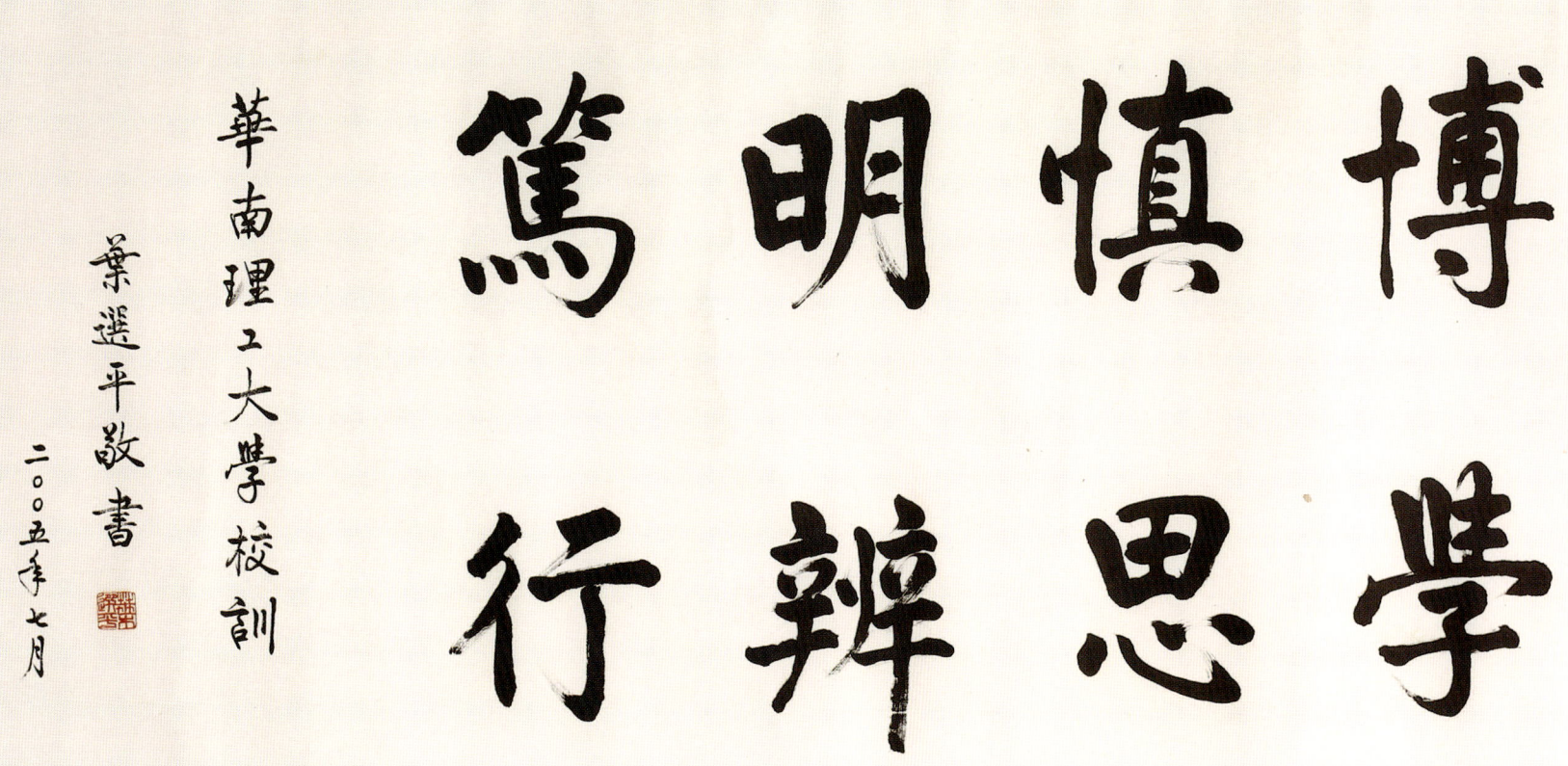

全国政协原副主席叶选平题词:"博学慎思 明辨笃行"。

2005年7月,叶选平为华南理工大学题写了校训"博学慎思 明辨笃行",勉励华园师生秉承校训精神,把学校建设成为综合性、研究型、开放式的国内一流、世界知名的高水平大学。

扫码观看"叶选平题词"视频

华南理工大学：

藉此贵校建校60周年之际，谨向全体师生员工和海内外校友致以热烈的祝贺和诚挚的慰问！

60年来，华南理工大学坚持建一流大学的办学目标，秉承"博学、慎思、明辨、笃行"的校训，发扬"自强不息、艰苦奋斗、求真务实、追求卓越"的优良传统，立足华南、面向全国，以贡献求发展，以服务求支持，形成了鲜明的办学特色，为国家尤其是广东经济社会发展做出了重要贡献！

衷心祝愿学校以甲子华诞为新的起点，继续解放思想，深化办学改革，继往开来，再创辉煌，向着国内一流、世界知名、高水平研究型大学的目标，奋勇前进！

叶选平谨贺
二○一二年九月十七日

全国政协原副主席叶选平亲笔信

2012年9月，值华南理工大学建校60周年之际，叶选平寄来了亲笔信，高度赞扬华南理工大学的办学成就，并对学校未来发展致以衷心祝愿。

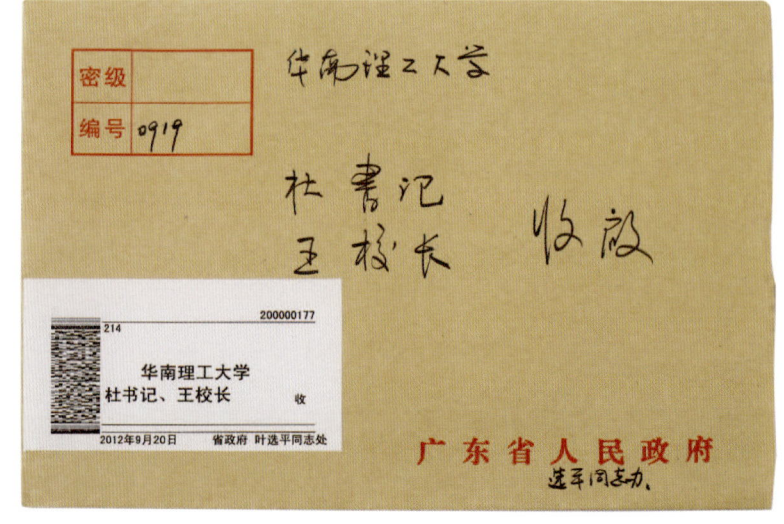

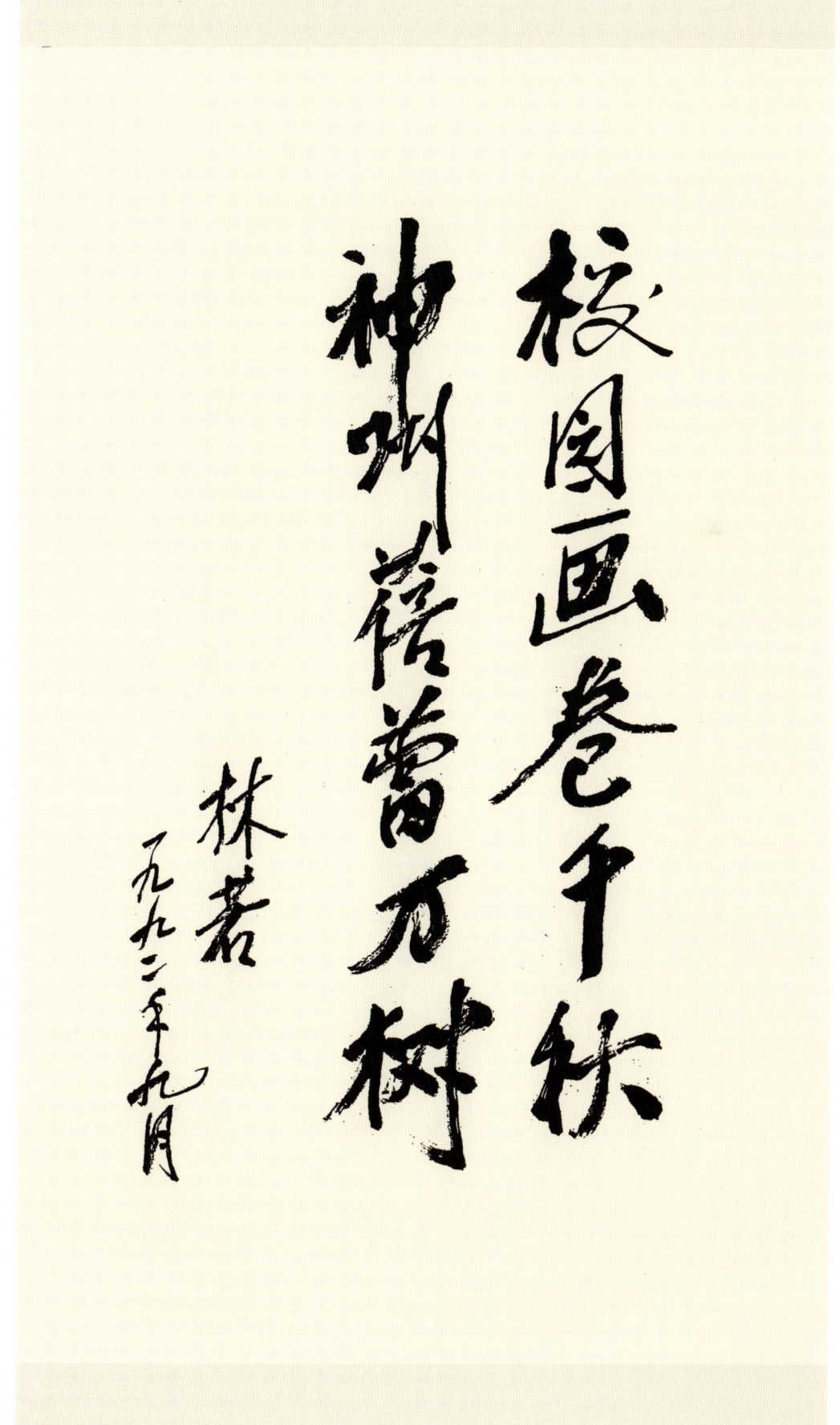

中共广东省委原书记、省人大常委会原主任林若题词:"校园画卷千秋　神州蓓蕾万树"

中共广东省委原书记,广东省政协第五届、第六届主席吴南生题词:"洒甘霖育万千桃李 献丹心写四十春秋"

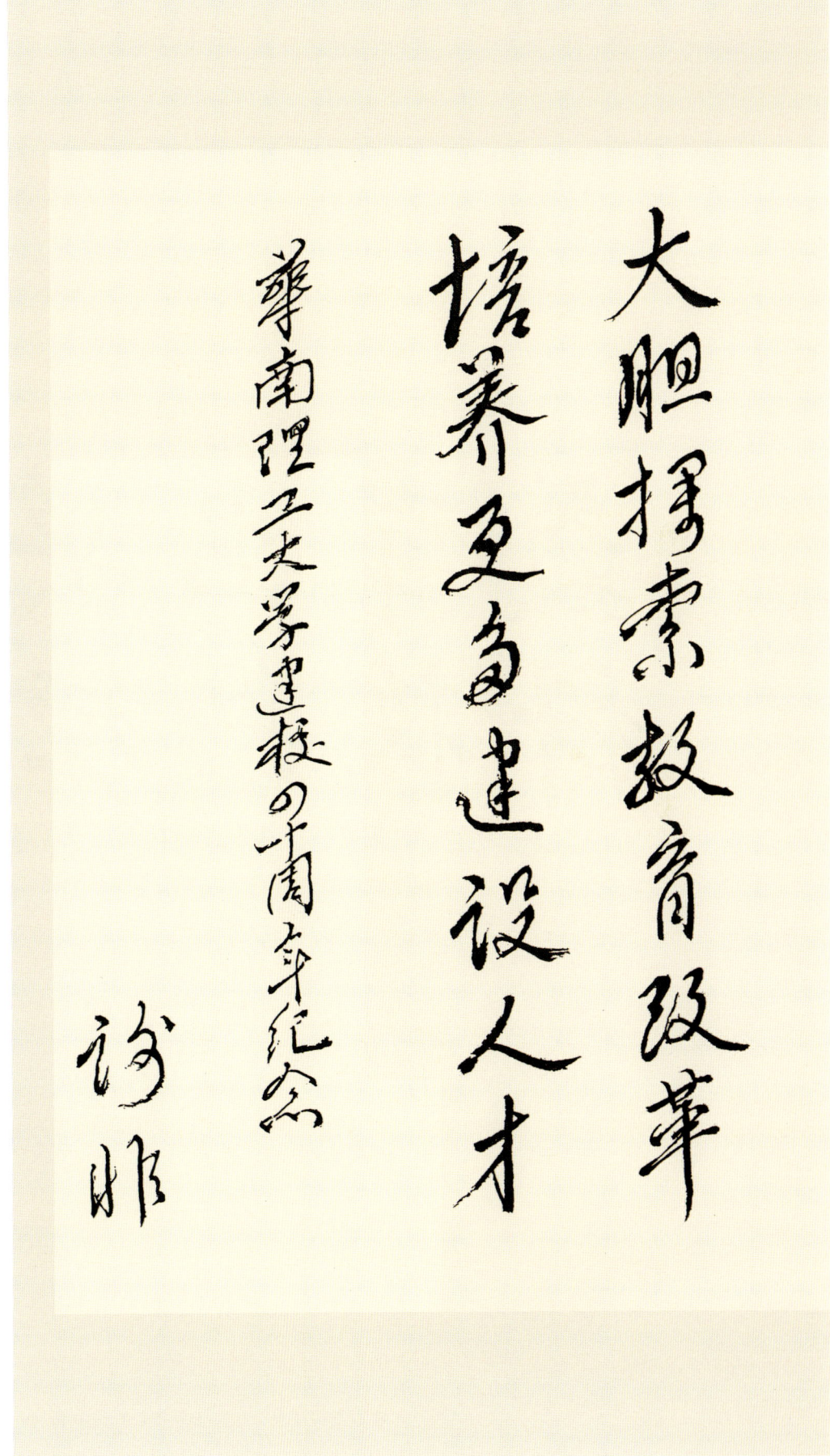

中共中央政治局原委员、全国人大常委会原副委员长、中共广东省委原书记谢非题词："大胆探索教育改革　培养更多建设人才"

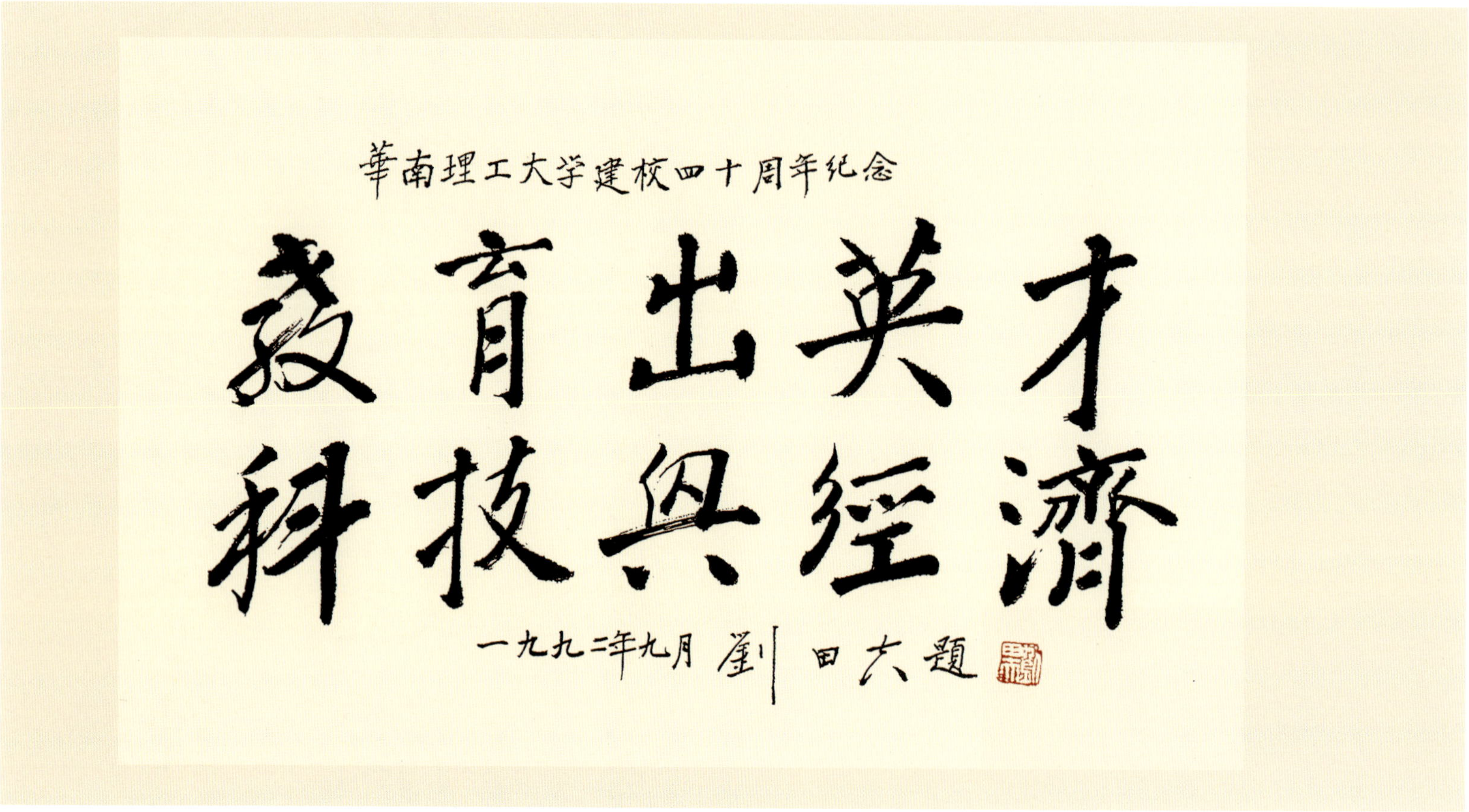

華南理工大學建校四十周年紀念

教育出英才
科技興經濟

一九九二年九月 劉田夫題

中顾委原委员、广东省原省长刘田夫题词：
"教育出英才　科技兴经济"

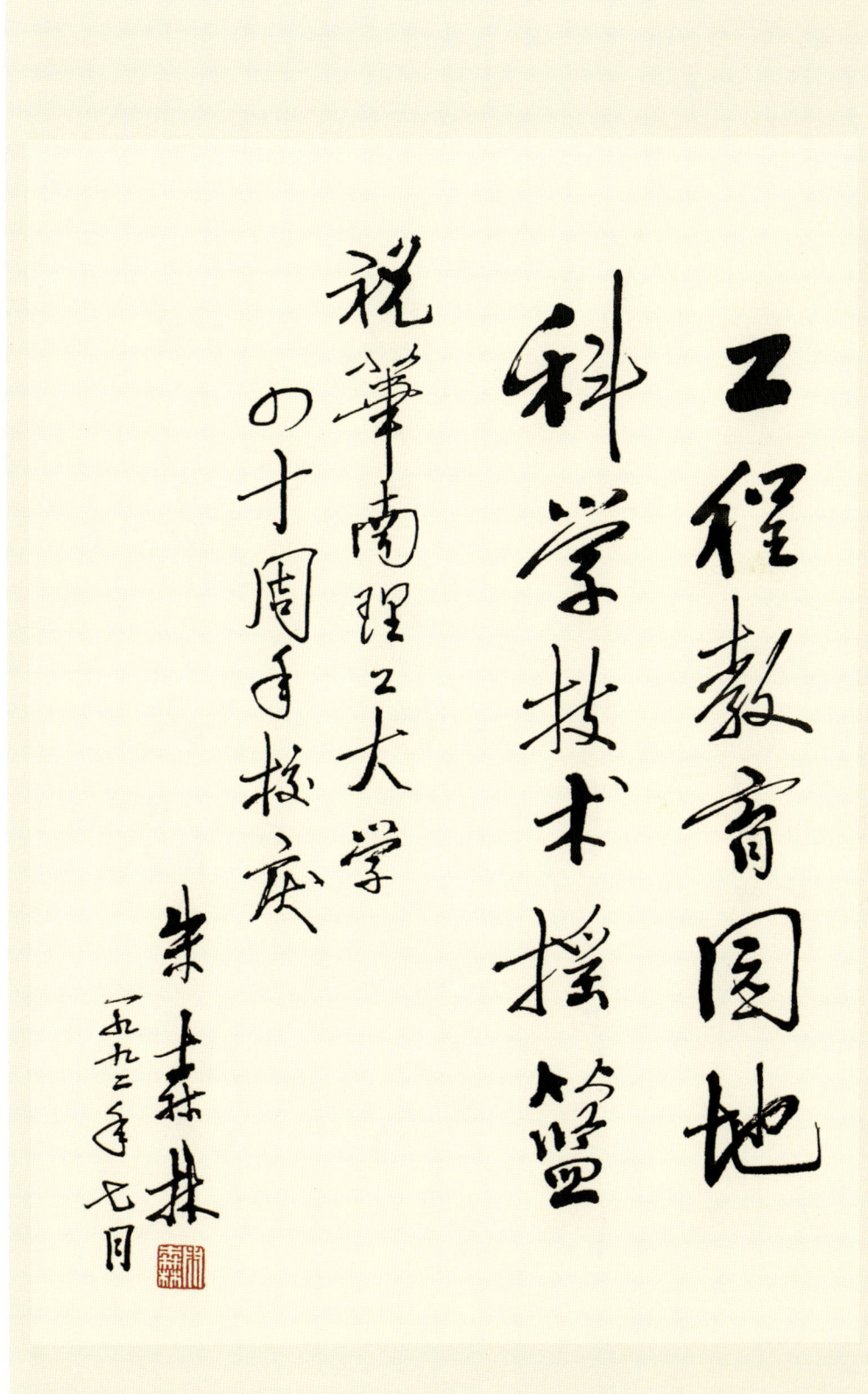

广东省人大常委会原主任、广东省原省长朱森林题词:"工程教育园地 科学技术摇篮"

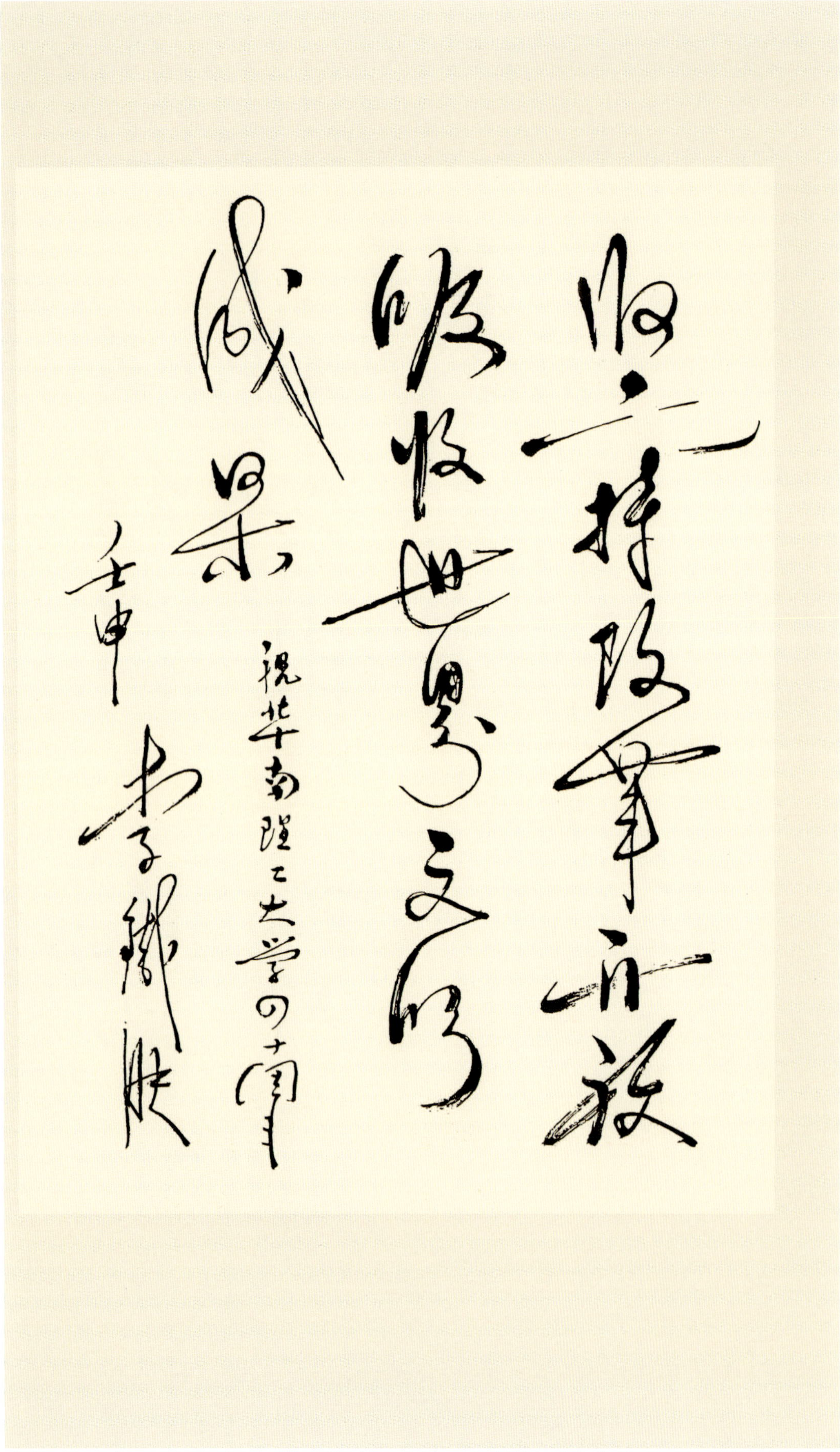

中共中央政治局原委员、国家教委（现教育部）原主任李铁映题词："坚持改革开放　吸收世界文明成果"

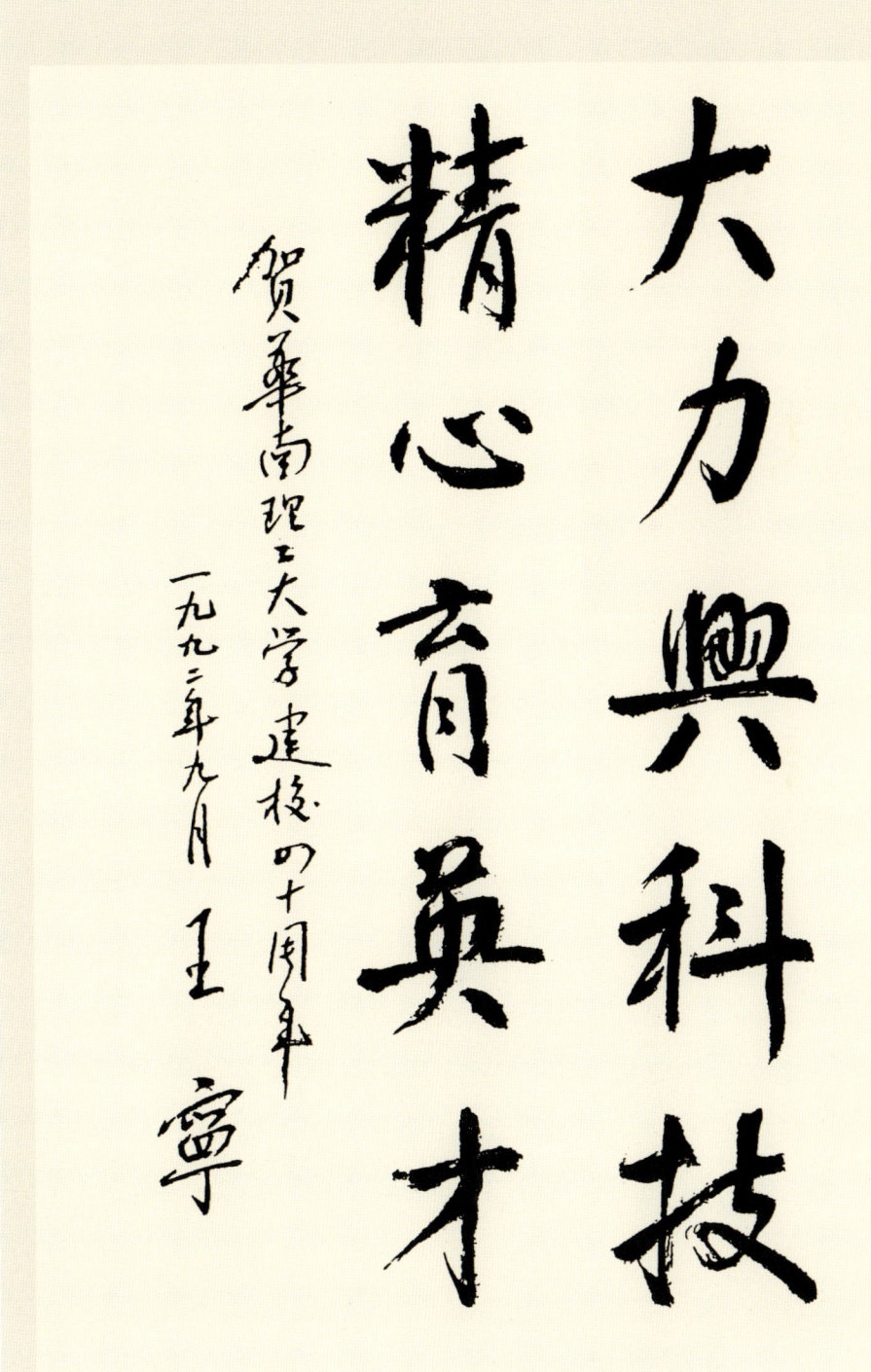

中共广东省顾委原主任、广东省委原书记王宁题词:"大力兴科技　精心育英才"

第七章 博物览志 启迪后辈

DIQI ZHANG
BOWU LANZHI QIDI HOUBEI

华南理工大学无线电专业拥有一批资深的教授及优秀毕业生。例如人才辈出的1977级无线电系，在著名教育家、电子学专家冯秉铨教授等优秀导师的培育下，该专业成就了中国电子制造行业一众杰出人才，如黄宏生、李东生、梁伟等企业家，他们分别创立了创维、TCL、德生等著名电子品牌，在中国电子行业发展史上留下了夺目亮丽的篇章。

在事业上取得不凡成就以后，校友们感恩母校的精心培养，同时也为了激励和启迪在校学生，他们均以别具一格的方式回馈母校：将一生珍藏捐予母校，在华南理工大学校园建设无线电电子博物馆与电视机工业博物馆。如今，两个展馆每日迎接来自校内外的师生友人参观访问，不仅生动再现了我国收音机、电视机工业发展的历史，还向人们诉说着华南理工人对母校的拳拳赤子之心。

无线电电子博物馆

无线电电子博物馆是华南理工大学第一座博物馆，2006年11月17日正式开馆。无线电电子博物馆设在五山校区励吾科技楼二楼，馆内展品有300多台，主要是德生通用电器制造有限公司董事长梁伟多年来从国内外收藏的、具有一定代表性的军用、民用电子管、晶体管收音机（接收机）。梁伟校友喜欢钻研和收藏各类收音机，在母校54周年校庆之际，他把心爱的收藏品捐赠出来，建成了此博物馆。展馆展示了我国无线电电子设备及收音机产业的发展历史，传播收音机文化，展现收音机技术，是广州市首家无线电电子博物馆。

无线电电子博物馆

八一小型（C）电台

20世纪60年代经典电影《英雄儿女》中，志愿军战士王成通过一部国产七一电台向指挥部发送了信息，最后他背着发报机与敌人同归于尽，"英雄儿女"的英雄赞歌在世人心中永久留存。

华南理工大学无线电电子博物馆收藏的八一小型（C）电台在抗美援朝战争中同样被广泛使用。这款电台全机使用晶体管制造，它设计精良，体积小，携带方便，战士可以在山区、丛林中背着进行通信联络，可以说是当时的"军中珍品"。

扫码观看"八一小型（C）电台"视频

老唱片机

生产于20世纪50年代的上海电器制造厂,军绿色金属外壳,转盘、跳针等零部件保存良好,箱侧有一个可摇动的手柄,合上外壳后像一个便于携带的小提箱。

扫码观看"老唱片机"视频

339型晶体管短波通用接收机

上海无线电二厂1978年生产的这款339型晶体管短波通用接收机，是在239/239-1型晶体管短波接收机的基础上改进而成的，它继承了239系列接收机维修便利、体积小巧的优点，进一步优化线路、改进设计，以期达到取代239系列接收机的目的。在20世纪70年代，许多外国收音设备价格不菲，少量339型接收机在当时还作为部队装备。早年的《坦克装甲车辆》介绍到国产车型时，只要说到装甲指挥车，就常常会提到一款接收机——339型接收机。

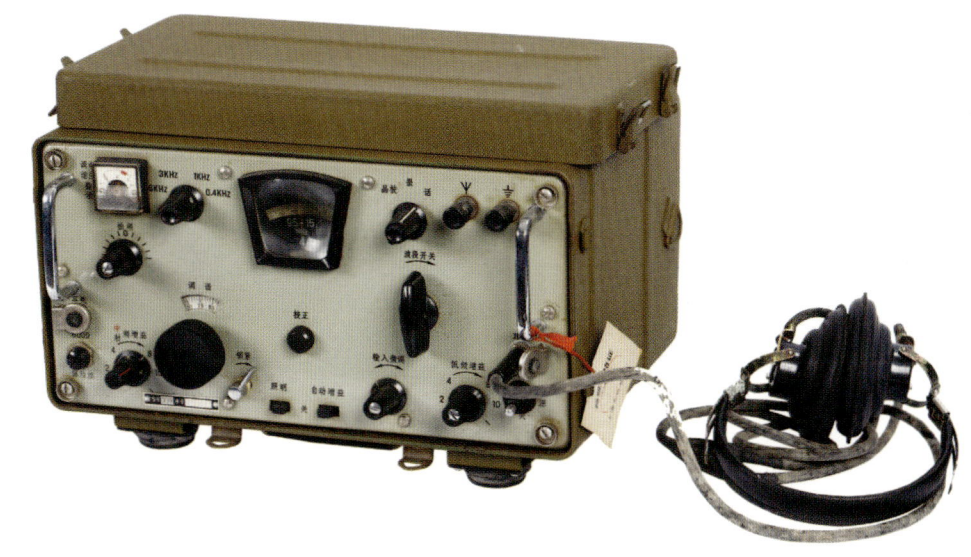

139型收讯机

八一型15瓦短波电台是我国自研的第一代制式电台，由天津电工二厂研制，抗美援朝时期用于装备部队，下发到师团级，反响不错。后部队反映合体式的"大八一"过重，不方便携带，厂家便将收讯部独立出来，这就是139型收讯机。

1969年的中苏珍宝岛冲突中，一名新战士使用139型收讯机搜索到了失踪许久的巡逻队的微弱信号，避免了冲突扩大，在战场上立了一功。

139型收讯机使用电子管，后续型号是使用了锗晶体管的139A和锗管、硅管混合的139B，体积、重量、功耗大幅度降低，但效果都没有139型收讯机好。

3波段仿制收音机

这是一台索尼仿古收音机,在中国生产以后,再出口到国外,目前这一类仿制商品在国外的售价每台都在几百美元以上。

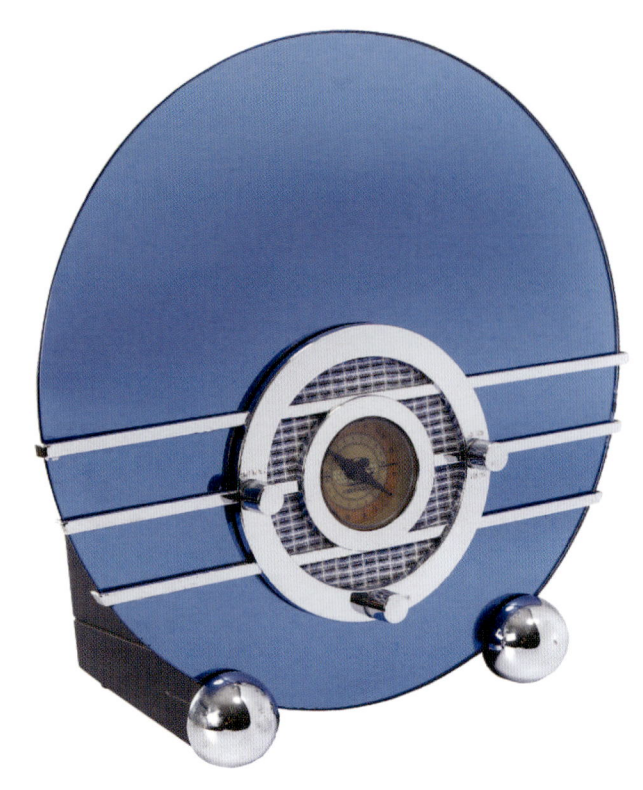

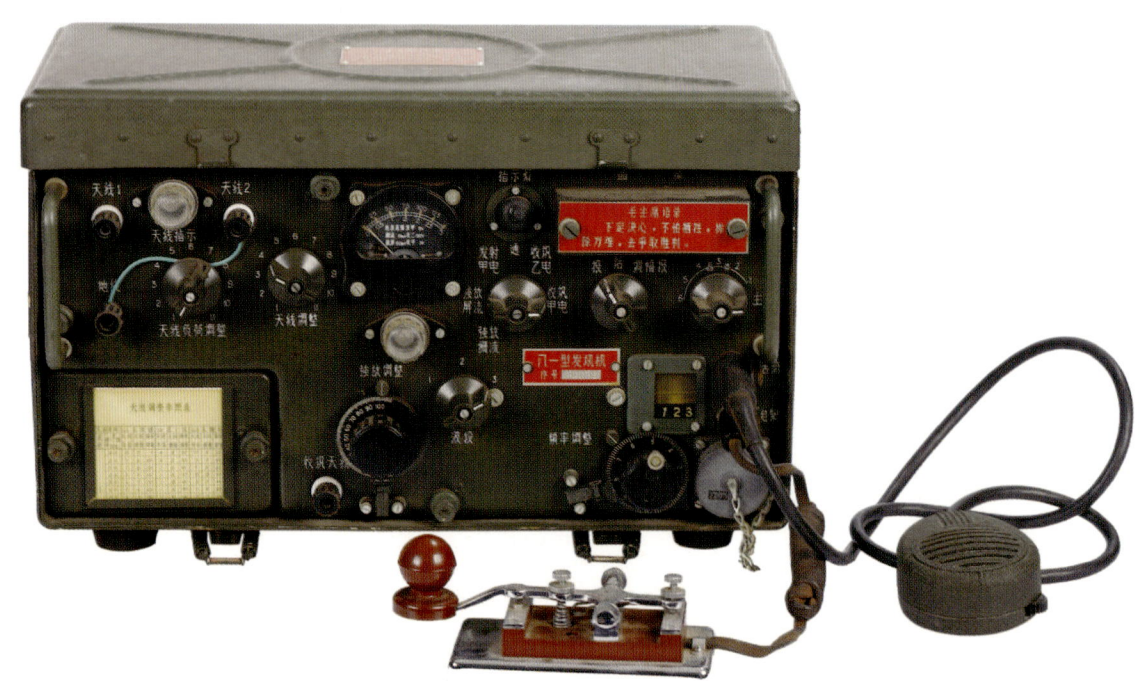

八一型发讯机

八一型发讯机只能发送信息,但是它发的不是文字,而是电报和声音。声音可以直接听到,而电报是由有长有短的嘀嗒声组成的,需要通过译码器翻译才能读懂其意。

凯歌455-D 5电子管2波段式收音机

生产于20世纪60年代,是上海无线电四厂的产品。这一时期的收音机都会印有毛主席语录或革命口号,如这台机身上就印有"人民,只有人民,才是创造世界历史的动力。""大海航行靠舵手,干革命靠毛泽东思想。"

这种极具时代特色的收音机叫作"礼花机",也称"语录机",是特定历史条件下的产物,它们是国产收音机发展史的重要组成部分,在世界收音机发展史上亦占有一席之地。

扫码观看"凯歌455-D 5电子管2波段式收音机"视频

L-601开盘式磁带录音机

由上海录音器材厂生产于20世纪70年代。

1947年起,美国、欧洲等发达国家和地区已大量使用保真度很高的磁带录音机,开盘录音机却很少能进入中国家庭,这主要是经济原因导致的。国内即便是黑胶立体声唱片也是直到1981年才起步。

20世纪50年代,上海公私合营组建的中国唱片厂开始生产电子管便携式、手摇上弦走带的开盘录音机,型号为301,产量很少。后期组建的上海录音设备厂开始生产钟声牌310、810开盘录音机,并陆续装备至各地广播电台。1960年起,上海录音器材厂陆续生产了无商标的L-601、L-602开盘式磁带录音机,它们均为电子管电路,生产时间长达25年,是社会保有量最高的开盘式磁带录音机型号。

火炬牌5J3收音机

诞生于二十世纪六七十年代，是上海玩具十四厂的产品，机身正面"为人民服务"几个鲜红的大字以及钻石型调谐窗赋予机器鲜明的时代特色。那个时期的收音机非常流行加上语录，如果收音机不印有语录，人们还会自行贴上语录。目前，收藏市场上的语录机价格不菲，广受收音机爱好者的欢迎。

牡丹8402 8晶体管2波段式收音机

产于20世纪60年代，是北京无线电仪器厂的产品。牡丹8402收音机仿制日本夏普的一种机型，于1964年4月投入生产，投产后便成为北京无线电厂的支柱产品，累计生产了大约15年，成为当时北京不少中等收入家庭的生活必备品。

牡丹8402收音机在投产的15年间，外观、元件和电路经多次改动，因此该机也是国产收音机中同一型号样式最多的机器之一，在收音机收藏市场上具有很高的收藏价值。

Dewalt 2波段工地使用收音机

由美国Dewalt公司生产制造。

Dewalt 2波段工地使用收音机,又称工地机,外形十分粗犷,很像工地的发电机,可以扛在肩上使用。美国的建筑工人、装修工人,喜欢一边干活一边听收音机。这款机型当时深受年轻人喜爱。

Zenith Trans-Oceanic 4波段收音机

Zenith是美国的收音机老品牌,公司成立于1923年,推出过不少收音机的精品,Trans-Oceanic系列是指越洋系列。

凯歌593-4 5电子管3波段式收音机

产于20世纪60年代,由上海无线电四厂制造生产,其外表精致华美,是国产电子管收音机中的佼佼者。1961年10月,在第三届全国广播接收机观摩评比赛中,上海无线电四厂的凯歌593-2型、593-4型收音机都获得了一等奖。

熊猫601型 6电子管3波段式收音机

1955—1956年间,南京无线电厂努力攻克大面积注塑、铝表面阳极化、塑料喷涂、电铸等多种新工艺技术,并精心改进电路设计、结构设计、外壳造型设计等,于1956年4月成功试制熊猫601型6电子管3波段式收音机。

随后,以熊猫牌506、601型为代表的新一代电子管收音机,三年间创造了15万多台的市场销售纪录,在国内市场获得了较高的声誉。1957年,熊猫牌601型收音机首批4万多台率先进入中国港澳、东南亚和南美等国家和地区市场。

FR-300手动充电收音机

  这款2003年美军在伊拉克战争中使用过的收音机,由德生通用电器制造有限公司加工生产。它有好几种功能,除了收听广播电台,还可以报警、自救、照明、接收上级指令,等等。然而它并非专业的接收上级指令的机器,只是作为美军的广播电台,在当地收听一些消息,每个士兵都可以配备一台,既有消遣功能又有自救功能。机身里面有一个很小的蓄电池,如果电池用完了,还能通过手摇发电。这样的一台收音机重量仅为250克左右,携带十分方便。

德生BCL-2000调频/中波/短波5波段式收音机

于2003年产自德生通用电器制造有限公司。德生通用电器制造有限公司1995—2006年陆续推出了几十款收音机产品，包括调频调幅收音机、数字调谐式收音机、短波二次变频收音机、数字显示多波段收音机、手摇发电环保型收音机、广播爱好者收音机以及专业型收音机等，部分产品具有独特性和创造性。

工农兵403 4晶体管3波段式收音机

产自20世纪70年代的上海无线电二厂，电路精良，性能卓越。

1967年，国家第四机械工业部（简称"四机部"）联合国内无线电厂家开展"面向工农兵联合设计收音机"工作，这是我国收音机研制生产史上的重要事件。四机部要求在全国各大收音机生产地抽调技术人员、干部和工人，组成"面向工农兵联合设计收音机"设计组，开发成本低廉、性能良好的收音机。

当时比较有代表性的产品包括：以南京无线电厂开发的熊猫303为代表的三管超外差收音机，以上海无线电二厂开发的工农兵403为代表的四管机，以上海无线电三厂315等为代表的五管机，以北京无线电厂红旗643为代表的六管机。后来，这些电路得到了广泛应用，成为当时最流行的晶体管收音机电路范本。

珠江SB8-3 2波段8晶体管便携式收音机

产于20世纪70年代的广州曙光无线电厂。

无线电电子博物馆收藏的广州本地品牌收音机种类比较少，主要为南方牌和珠江牌。1949年前，广东既没有生产电子元器件的工业，也没有生产电子整机的工业，仅在广州等城市有修理收音机的私人店铺。1956年，广州市将私人无线电修理店组建成广州曙光无线电修配生产合作社、广州南方无线电机生产合作社等；1958年，广州曙光无线电修配生产合作社改名为地方国营广州曙光无线电仪器厂，后又改为广州曙光无线电厂。

20世纪50年代，广州曙光无线电修配生产合作社生产的收音机品牌为海鸥牌；1963年，广州曙光无线电仪器厂研制出珠江牌SB3-1型来复式三管中波段晶体管收音机，该机在全国第四届收音机质量评比中获外观和性能一等奖。随后，珠江牌收音机不断改进，并开始出口，广州曙光无线电厂成为中南地区最早出口收音机的企业。此后，广东省收音机逐步由电子管式向晶体管式过渡，并向小型化、袖珍化方向发展。1965年，随着小体积元器件的投入生产，以及整机厂开发新产品能力的提高，广州曙光无线电厂相继研制出珠江牌SB8-1型和SB6-1/2型晶体管收音机并投入批量生产，其中SB8-1型收音机音质好、体积小，方便携带，非常受消费者欢迎。

红灯2701 7晶体管3波段式收音机

上海无线电二厂生产的红灯牌收音机价格定位中低档，拥有夸张遒劲的"红灯"字样商标，机身色彩吉祥而喜庆，设计风格精致洋气，这一品牌自面世以来便广受当时年轻人的喜爱，一度成为我国的收音机销量之王。

西湖7B13 6晶体管1波段式收音机

产自20世纪80年代的杭州无线电厂。

20世纪80年代，人们对收音机的需求量越来越大，国内收音机生产因此得到了飞速发展。80年代初，浙江省电子工业局把杭州无线电厂、浙江电子仪器厂、杭州无线电五厂、浙江无线电厂等13个厂的闲置资源组织起来生产收音机。浙江省生产的收音机很快便由过去的40多个品种增加到了80多个，并出现了调频调幅收音机、两个喇叭的电子管收音机、大台式晶体管收音机等一批中高档产品，几乎浙江省各地区都有自己的"拳头产品"，杭州地区的"西湖""迎春""灵峰""莺雀""玫瑰"亦在其列。

美多RT5730 3波段式收音机

产自20世纪80年代的上海无线电三厂。20世纪60年代，上海无线电器材厂和永安第三棉纺织厂合并组建上海无线电三厂，生产产品包括军用通信设备，该厂生产的收音机等民用产品使用"美多"牌商标，后又增加"春雷"商标。

东湖7晶体管1波段式收音机

产自20世纪80年代的湖北汉口无线电厂。汉口无线电厂的前身是710厂，20世纪50年代生产了远程牌、东方红牌和上海牌电子管收音机，以及友好牌收、唱两用机，其组装元件大多为国产。1959年，汉口无线电厂远程牌收音机停产，新增卫星牌二级、四级收音机和东湖牌收音机。

山进（Sangean）锁相环全波段交直流接收机ATS-803A型

产于20世纪90年代，在中国台湾地区制造。

GE 2波段高性能接收机7-2887A型

产于20世纪80年代，在印度尼西亚制造。GE是美国老品牌收音机，美国曾是世界收音机发展史上最具影响力的国家，也是一个收音机消费大国，有使用收音机的传统和文化。早在二十世纪二三十年代，美国就是全球最大的收音机制造国，同时也是收音机技术水平最高的国家。

东芝（Toshiba）4波段立体声双卡座组合式磁带收录机WX-1型

由日本东芝公司于20世纪80年代制造，是日本原装进口的一款优质收录机。

好佳（Cougar）3波段交直流晶体管集成电路混合收音机RF-888型

产于20世纪80年代，由日本松下电器公司制造。

在收音机发展史上，日本也是一个极具影响力的国家，日本收音机发展的巅峰期在二十世纪七八十年代，当时的不少产品都能进入历史名器之列，比较出名的公司有索尼、松下、三洋等。

猫（Cat）FM天气预报收音机（玩具式）CAT-165型

由天地（Tandy）公司在中国台湾制造，20世纪70年代生产。

德生MS-200 特高灵敏度中短波收音机

由德生通用电器制造有限公司制造，生产于1999年。这是一台便携的小台式，中、短波两波段收音机，是专为边远山区、海上作业者设计的一款高灵敏度收音机。它灵敏度较高，选择性好、功能简捷、成本低廉，能满足农村市场和海上作业者的需求。

春雷3T9A 12晶体管3波段式收音机

生产于20世纪70年代，由上海无线电三厂生产。

电视塔704-G3 7晶体管交直流三用机

由广州市光联社制造，它可以放33转、45转、78转唱片，还可以当作收音机使用，并有扩音功能。

德生CR-200 数字协调立体声/中波电视伴音收音机

由德生通用电器制造有限公司于2007年生产，功能较多、操作简单、灵敏度高、选择性好。可接收电视伴音、有线电视伴音、调频立体声、中波电台节目，具有温度计、数码时钟显示功能，可自动搜索并存储电台节目(ATS)，可任意存储多达100个电台频率，且长期不通电也不会丢失记忆。同时还具有双定时自动开机功能，并可设定开机后收听指定频率的电台节目；具有智能式睡眠自动关机功能，适合不方便收看电视的听众收听电视伴音。

德生R-919 数码显示全波段钟控立体声收音机

由德生通用电器制造有限公司于2003年生产。其外形时尚、超薄轻巧、携带方便。拥有调频/中波/短波共9个波段接收系统，可接收调频立体声广播；具有大屏幕数字式时钟及高精度频率显示功能，采用轻触式电源开关，拥有钟控定时自动开机和睡眠定时自动关机功能。特制优质PVC薄膜喇叭，音色柔美，电池耐用。

电视机工业博物馆

华南理工大学电视机工业博物馆由无线电技术专业1982届校友黄宏生（原名黄红生）创办的创维集团出资筹建，于2009年11月落成。它首开国内电视机全景式展览之先河，改变了零散的收藏方式，把散落的记忆理顺在高雅的圣殿，其中所收藏的具有代表性的产品50余件，均为从面向社会和个人征集的1000余件备选产品中挑选出来的，最终用于馆内展示。每件展品都是电视历史的剖面，每幅照片都是一个时代生动的写照，具有深远的历史价值及时代意义。

电视机工业博物馆

英雄牌9寸黑白电视机

1979年由上海国光口琴厂生产。

扫码观看"英雄牌9寸黑白电视机"视频

熊猫牌12寸黑白电视机

20世纪80年代产自中国南京无线电厂。

扫码观看"熊猫牌12寸黑白电视机"视频

西湖牌14寸黑白电视机

1984年由杭州电视机厂生产。

1975年,杭州电视厂生产了杭州本土第一台黑白电视机,当时的价格是225元,相当于普通工人大半年的工资。

进入21世纪,曾经生产西湖牌电视机的杭州电视机厂产业转型升级,现在已经是电动车的生产厂家。

松下12寸黑白电视机

20世纪70年代由日本松下电器公司生产。

红梅牌12寸黑白电视机

20世纪80年代由无锡电视机厂生产。

扫码观看"红梅牌12寸黑白电视机"视频

松下14寸黑白电视机

20世纪80年代由日本松下电器公司生产。

索尼12寸黑白电视机

20世纪80年代由日本索尼公司生产。

创维彩色电视机

20世纪90年代由深圳创维电子有限公司生产。

创维液晶电视机

2000年由深圳创维电子有限公司生产。

电视机电路板

生产于20世纪90年代。

早期彩色电视机屏幕

生产于20世纪90年代。

电视机屏幕

生产于20世纪90年代。

早期彩色电视机电路板

生产于20世纪90年代。

后 记

20世纪30年代初,原国立中山大学在广州石牌地区兴建新校园及其建筑群,华园在此基础上展露雏形。时光荏苒,白驹过隙,历经八十余载发展和扩张,今天的华园包括大学城校区、广州国际校区,与华南理工大学五山校区交相辉映,组成了欣欣向荣的新华园。

多年来,这个历史悠久的校园孕育了无数菁英才俊,一代又一代华南理工人在这里成长奋斗,走向更加壮阔的未来。华园的文物与藏品作为历史传承的载体,细致刻画着华南理工人前进的步伐。华园品藏——品味的不仅仅是华南理工大学珍藏的文物藏品,更是华南理工人砥砺奋进的精神文化结晶。

2017年底,为响应国家教育部《关于加强高校文物藏品保护和管理的通知》精神,学校档案馆和资产管理处在校内联合开展了全校文物藏品全面普查工作,得到了校内多个单位的大力支持。本书入选藏品,除主要来自档案馆及其管辖的校史馆、无线电电子博物馆和电视机工业博物馆以外,其余均源自普查工作中积极向档案馆提交信息的校内单位和个人。大多数入选藏品虽非"物以稀为贵",却无一不是反映菁菁华园八十余载发展进程的历史见证物。

在本书编写过程中,得到了学校领导章熙春、陶韶菁、